Anecdotes pour enfants

CHARLOTTE GIBBS

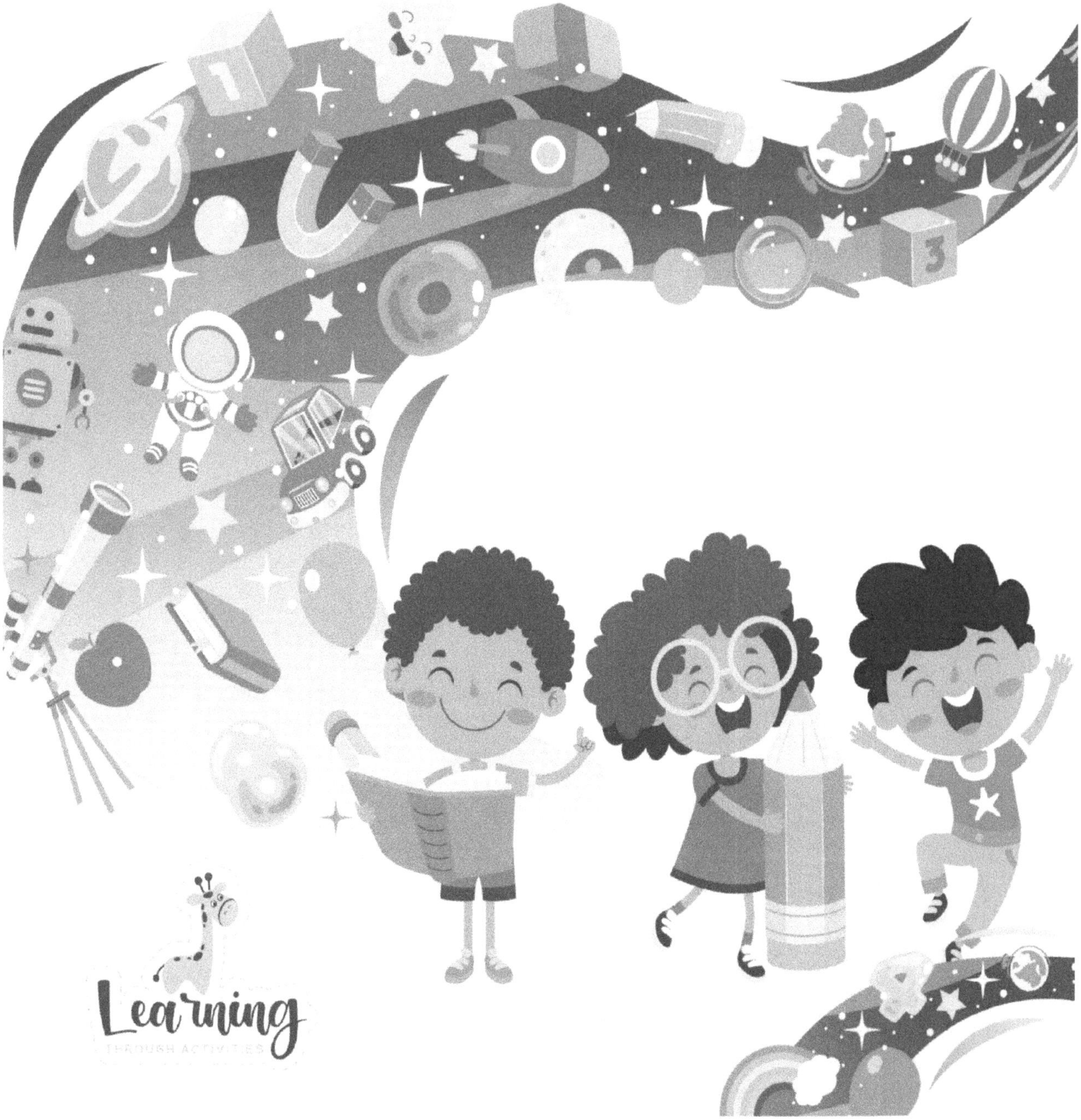

Learning
THROUGH ACTIVITIES

© Copyright 2021 - tous droits réservés.

Le contenu de ce livre ne peut être reproduit, dupliqué ou transmis sans l'autorisation écrite directe de l'auteur ou de l'éditeur.

En aucun cas, aucun blâme ou responsabilité légale ne sera retenu contre l'éditeur, ou l'auteur, pour tout dommage, réparation, ou perte monétaire due aux informations contenues dans ce livre, directement ou indirectement.

Mention légale :
Ce livre est protégé par le droit d'auteur. Il est uniquement destiné à un usage personnel. Vous ne pouvez pas modifier, distribuer, vendre, utiliser, citer ou paraphraser une partie, ou le contenu de ce livre, sans le consentement de l'auteur ou de l'éditeur.

Clause de non-responsabilité :
Veuillez noter que les informations contenues dans ce livre sont uniquement à des fins éducatives et de divertissement. Tous les efforts ont été déployés pour présenter des informations précises, à jour, fiables et complètes. Aucune garantie d'aucune sorte n'est déclarée ou implicite. Les lecteurs reconnaissent que l'auteur n'est pas engagé dans la prestation de conseils juridiques, financiers, médicaux ou professionnels. Le contenu de ce livre est issu de diverses sources. Veuillez consulter un professionnel agréé avant de réaliser les techniques décrites dans ce livre.

En lisant ce texte, le lecteur accepte qu'en aucun cas l'auteur n'est responsable de toute perte, directe ou indirecte, résultant de l'utilisation des informations contenues dans ce livre, y compris, mais sans s'y limiter, des erreurs, omissions ou inexactitudes.

Sommaire

Introduction 4

Chapitre 1 : Les Animaux
Les Animaux Domestiques 5
Les Poissons 6
Les Amphibiens 7
Les Oiseaux 8
Les Créatures Océaniques 9
Les Marsupiaux 9
Les Mammifères 10
Les Reptiles 11
Les Insectes 12
Les Dinosaures 13

Chapitre 2 : L'Espace
Les Planètes 14
Les Étoiles 14
Le Soleil 15
La Lune 16
Les Comètes 16
Les Astronautes 17
Les Trous Noirs 18
Les Astéroïdes 18
Anecdotes Bonus 19

Chapitre 3 : Le Monde
Les Continents 21
L'Antarctique 22
Les Pays 22
Les Montagnes 23
Les Drapeaux 24
Différentes Cultures Inattendues 25
Les Traditions 25
La Mode 26
L'Argent 27
Anecdotes Bonus 27

Chapitre 4 : Les Sports
Les Jeux Olympiques 28
Les Sports de Ballon 29
Les Sports Nautiques 29
Les Sports d'Hiver 30
Le Vélo 30
La Course à Pied 31
La Boxe 31
La Course Automobile 32
Anecdotes Bonus 33

Chapitre 5 : La Nourriture
Les Fruits 34
Les Légumes 35
Les Noix 36
Anecdotes Bonus 37

Chapitre 6 : La Météo
Le Vent 38
Les Nuages 39
La Pluie 39
Les Éclairs 40
Les tempêtes, les Ouragans et Les Tornades 40
Anecdotes Bonus 41

Chapitre 7 : le Corps Humain
Les Os 43
Les Muscles 43
Le Cerveau 44
La Peau 45
Les Cheveux et Les Ongles 45
La Digestion 46
Les Yeux et Les Dents 47
Le Cœur et Le Sang 47
Le Corps 48
Le Sommeil et Les Rêves 48

Chapitre 8 : La Science
La Chimie 49
Les ordinateurs 50
La Biologie 51
L'Electricité 51
Les Mathématiques 52
La Géologie 52
L'Archéologie et La Paléontologie 53
L'Aviation 54

Chapitre 9 : L'Histoire
Le Moyen-Âge 55
La Grèce Antique 56
La Rome Antique 57
Les Égyptiens 57
Les Vikings 58
La Chine Antique 59
Les Deux Guerres Mondiales 59
Le Far West 60
Noël 61
Anecdotes Bonus 62

Chapitre 10 : L'Océan
Les Mers 63
Les Courants 64
Les Vagues 65
La Vie Marine 65
Les Iles 66
Les Épaves 66
Anecdotes Bonus 67

Chapitre 11 : Les Plantes
Les Plantes Comestibles 68
Les Fleurs 69
Les Arbres 70
Les Graines 71
Les Herbes et Les Épices 72
Anecdotes Bonus 73

Conclusion 74

INTRODUCTION

Bienvenue dans ce livre d'anecdotes pour enfants ! Tu y trouveras plus de 1 000 anecdotes sur des sujets très variés, comme les animaux, les plantes, la science ou l'histoire.

Quel est le plus grand arbre au monde ? Quelle est la ville avec le nom le plus difficile à prononcer ? Combien y a-t-il de navires submergés dans les océans ? Dans ce livre, tu trouveras les réponses à ces questions et beaucoup d'autres qui te surprendront et éveilleront ta curiosité. Imagine tout ce que tu pourras partager avec tes amis et ta famille !

Le meilleur dans tout ça, c'est que tu seras capable de rechercher les faits les plus intéressants, et tu en trouveras peut-être beaucoup plus par toi-même, car le monde regorge de curiosités qui n'attendent plus que d'être découvertes.

Voici le premier fait de ce livre : tu vas passer un agréable moment à le lire !

Prêt(e) à découvrir quels sont les 1 000 autres ? Allons-y !

Chapitre 1:
LES ANIMAUX

Les Animaux Domestiques

1. Les chiens et les chats ont chacun une empreinte nasale unique, tout comme nos empreintes digitales.

2. Le cœur d'un chat bat deux fois plus vite que le nôtre.

3. Les dents d'un lapin ne cessent jamais de grandir.

4. Les chiens les plus rapides sur Terre sont les lévriers, ils courent à environ 72 kilomètres par heure.

5. Tous les chatons naissent avec les yeux bleus, puis ils changent de couleur environ deux semaines après leur ouverture.

6. Un chien peut entendre des sons quatre fois plus éloignés qu'une personne normale.

7. Les chiens peuvent également sentir des odeurs qui sont situées à plus de 20 kilomètres de distance.

8. Les lapins bondissent sur place lorsqu'ils sont heureux et ce saut est appelé un « binky » chez les Anglo-saxons.

9. Un couple de chats et leurs chatons peuvent mettre au monde 420 000 chatons en sept ans.

10. Un groupe de chats est appelé « clowder » en anglais et un groupe de chatons « kindle ».

11. Les limiers ont jusqu'à trois cents millions de récepteurs olfactifs dans leur nez, nous n'en avons que cinq millions.

12. Les chats marchent en tandem avec leurs pattes, ce qui signifie que leur jambe avant gauche se déplace en même temps que leur jambe arrière gauche.

13. Les seuls autres animaux qui marchent en tandem sont les girafes et les chameaux.

14. Les chiens transpirent par le nez et les coussinets sur leurs pattes.

15. Les bébés lapins sont appelés des lapereaux.

Les Poissons

16. La plupart des poissons n'ont pas de paupières : ils n'en ont pas besoin pour garder leurs yeux humides.

17. Les requins sont les seuls poissons qui peuvent cligner des yeux.

18. La plupart des poissons ont le sang froid, contrairement à nous, qui avons le sang chaud. Cela signifie qu'ils adaptent leur température corporelle à celle de leur environnement.

19. Le thon et certains requins ont du sang chaud, tout comme nous !

20. Les voiliers peuvent nager jusqu'à 110 kilomètres par heure. Aussi vite qu'un ouragan !

21. Les poissons possèdent un organe sensoriel appelé la ligne latérale qui leur permet de sentir n'importe quelle vibration autour d'eux, ce qui leur permet de trouver leur chemin dans l'obscurité.

22. L'ichtyologue est la personne qui étudie les poissons.

23. Les poissons existent depuis plus de 500 millions d'années, ils sont même apparus avant les dinosaures !

24. Les poissons n'ont pas de poumons pour respirer l'air, ils absorbent l'oxygène qui se trouve dans l'eau.

25. Pour obtenir cet oxygène, ils laissent beaucoup d'eau passer dans leur bouche et à travers leurs branchies.

26. Les poissons peuvent tousser, mais ils ne peuvent pas éternuer.

27. Tous les poissons sont des vertébrés, ce qui signifie qu'ils ont une colonne vertébrale.

28. Tous les poissons-clowns sont des mâles, sauf le plus gros, qui est une femelle.

29. Si un poisson-clown femelle meurt, le mâle dominant changera de sexe et prendra sa place.

30. Les poissons peuvent changer leur sexe, de mâle à femelle ou inversement, mais une fois seulement parce que la transition est permanente.

Les Amphibiens

31. Les grenouilles proviennent des œufs.

32. Les nouveau-nés des grenouilles sont des têtards.

33. Les têtards ont des queues et des branchies au lieu des jambes et des poumons. Ils les développent en grandissant jusqu'à devenir adulte.

34. Les têtards toxiques (dendrobates) grandissent sur le dos de leur mère.

35. Les têtards des grenouilles-taureaux peuvent devenir aussi grands qu'une banane.

36. Un têtard (tadpole) se dit également polliwog en anglais.

37. Il y a des amphibiens qui ressemblent à des vers ou des serpents parce qu'ils n'ont pas de bras ni de jambes. On les appelle cécilies ou apodes.

38. Le plus grand amphibien au monde est la salamandre géante de Chine.

39. La salamandre géante de Chine peut atteindre 1,22 m de long et peser 30 kilos. C'est plus qu'un enfant de 7 ans !

40. La plus grande grenouille est une espèce en voie de disparition appelée la grenouille Goliath.

41. La grenouille Goliath pèse plus de 2,7 kilos, parviens-tu à imaginer une grenouille de la taille d'un chihuahua ?

42. Le plus petit vertébré du monde est une grenouille qui vit en Océanie.

43. Cette petite grenouille fait seulement 0,77 centimètre de long, elle est plus petite qu'un moustique !

44. Les grenouilles ne peuvent pas vivre dans l'eau salée.

45. Un groupe de grenouilles est appelé une horde.

Les Oiseaux

46. Les oiseaux ont le sang chaud, comme nous !

47. Ils sont des descendants directs de dinosaures du Jurassique.

48. Les oiseaux pondent des œufs de différentes tailles et couleurs, pas seulement blancs.

49. Leurs os sont creux, ce qui les rend plus légers et leur permet de voler plus facilement.

50. Les autruches, les émeus, les kiwis et les manchots ne peuvent pas voler.

51. Le plus petit oiseau au monde est le colibri abeille, qui mesure seulement 5 centimètres de long.

52. Les autruches sont les plus grands oiseaux, en faisant plus de 2,7 m de haut, elles peuvent atteindre le plafond d'une maison !

53. Les oiseaux ont des crêtes pour les aider à attraper leur nourriture parce qu'ils n'ont pas de dents.

54. Comme ils n'ont pas de dents, ils avalent leur nourriture.

55. Contrairement aux humains, l'estomac des oiseaux est divisé en deux parties.

56. La deuxième partie est appelée le gésier et il leur permet de broyer leur nourriture.

57. L'oiseau qui vole le plus haut est une espèce de vautour, qui peut atteindre des altitudes allant jusqu'à 11 280 mètres. Aussi haut qu'un avion en vol !

58. Les oiseaux nettoient leurs plumes avec leur bec et leurs pattes. On appelle cette toilette le lissage de plumes.

59. Ils prennent également des bains réguliers dans l'eau, la poussière ou le sable pour se débarrasser des parasites.

60. Certains oiseaux migrent chaque année, voyageant jusqu'à 65 000 kilomètres d'un bout à l'autre du monde.

Les Créatures Océaniques

61. Les hippocampes sont les seuls animaux où les mâles donnent naissance.
62. Les méduses et les écrevisses ne sont pas des poissons. Curieusement, les hippocampes en sont !
63. Le plus grand poisson au monde est le requin-baleine.
64. Les requins-baleines grandissent jusqu'à mesurer 12 mètres et pèsent près de 19 tonnes. C'est autant qu'un autocar à deux niveaux.
65. Lorsque nos muscles bougent, ils émettent de petites quantités d'électricité que les requins peuvent détecter grâce à un organe qu'ils possèdent, appelé l'ampoule de Lorenzini.
66. Contrairement à ce que nous pensons, les anguilles ne sont pas agressives lorsqu'elles ouvrent et ferment leur bouche, c'est leur manière de respirer.
67. Les crabes boxeurs tiennent les anémones de mer dans leurs mains comme des pompons.
68. En réalité, ils les nourrissent en échange de leur protection, car les anémones sont venimeuses.
69. Bien qu'elles aient du venin, il ne faut pas craindre la plupart des anémones puisqu'elles sont presque toutes inoffensives pour nous.
70. Les poulpes possèdent trois cœurs.
71. Les dauphins dorment avec un œil ouvert.
72. Ils agissent de la sorte car ils doivent rester à moitié éveillés pour ne pas se noyer dans leur sommeil, étant donné qu'ils ne peuvent pas respirer sous l'eau.
73. Les anguilles électriques produisent suffisamment d'électricité pour allumer plusieurs ampoules.
74. Le cœur d'une crevette se trouve dans sa tête.
75. Si elles sont blessées, les étoiles de mer peuvent faire repousser leurs bras et certaines d'entre elles peuvent même faire repousser leur corps entièrement à partir d'un seul bras !

Les Marsupiaux

76. Les marsupiaux sont des mammifères qui transportent leurs bébés dans une poche.
77. Les bébés kangourous sont appelés des « joeys » en anglais.
78. Les bébés kangourous ne sont dans le ventre de leur mère que pendant un mois avant leur naissance. Ils en sortent aussi petits qu'un dragibus et complètement aveugles !
79. Sur les 5 500 mammifères qui existent, seulement 334 environ sont des marsupiaux.

80. Entre 70 et 75% des marsupiaux se trouvent sur le continent australien.

81. Les 25 à 30% restants se trouvent en Amérique, et il n'y a pas de marsupiaux sur les autres continents.

82. Les kangourous et les koalas sont quelques exemples de marsupiaux.

83. Les koalas mangent des feuilles d'eucalyptus toxiques car ils possèdent des microbes spéciaux dans leurs intestins qui leur permettent de les digérer sans tomber malade.

84. Les bébés koalas n'ont pas ces microbes à leur naissance, ils mangent donc les excréments de leur mère.

85. Les marsupiaux femelles ont deux utérus. Tous les autres mammifères n'en ont qu'un.

86. La plupart des marsupiaux sont nocturnes (ils dorment pendant la journée).

87. Les kangourous roux peuvent sauter par-dessus des obstacles mesurant 3 mètres de haut.

88. Les kangourous roux sont également les plus grands marsupiaux du monde.

89. Les petites espèces de kangourous sont appelées des wallabies.

90. En Australie, un « boomer » est un kangourou mâle, et une femelle un « flyer ».

Les Mammifères

91. Tous les mammifères ont des poils ou de la fourrure, y compris les dauphins et les baleines avant leur naissance.

92. Les ornithorynques et les échidnés sont les seuls mammifères qui ne donnent pas naissance à des petits, ils pondent des œufs !

93. Le plus grand mammifère est la baleine bleue, et elle est presque aussi grande qu'un avion !

94. Et le plus petit est la chauve-souris bourdon, dont la taille est celle de notre petit doigt.

95. En ne tenant compte que des mammifères terrestres, le plus grand de tous est l'éléphant.

96. Les bébés éléphants peuvent se mettre sur leurs pattes 20 minutes après leur naissance.

97. Il y a plus de rats et de souris dans le monde que n'importe quel autre mammifère, y compris les humains.

98. Les chauves-souris sont les seuls mammifères capables de voler.

99. Les fourmiliers n'ont pas de dents.

100. Les bébés dauphins ne dorment pas au cours du premier mois de leur vie.

101. Le lait des hippopotames est rose.

102. Les pandas mangent plus de 13 kilos de bambou chaque jour.

103. La langue de la girafe mesure 50 centimètres de long.

104. Certaines taupes peuvent creuser des trous allant jusqu'à 90 mètres de profondeur en une nuit.

105. Les mammifères qui dorment le plus sont les koalas : ils dorment presque 22 heures par jour.

Les Reptiles

106. Les reptiles urinent et défèquent par le même endroit, appelé le cloaque.

107. Les tortues terrestres et marines sont des reptiles.

108. Les tortues marines peuvent vivre dans l'eau et sur terre, alors que les tortues terrestres ne vivent que sur terre, car elles ne sont pas équipées pour vivre dans l'eau.

109. Les sphénodons sont des reptiles qui vivent en Nouvelle-Zélande et, bien qu'ils ressemblent à des iguanes, ils sont une espèce complètement différente.

110. Les crotales et les boas constricteurs ne pondent pas d'œufs comme la plupart des serpents, ils donnent directement naissance à leurs petits !

111. Les crocodiles peuvent ne pas se nourrir durant 6 mois s'ils n'ont pas le choix.

112. Les iguanes verts deviennent rigides lorsque leur température passe en dessous des 4 degrés Celsius. S'ils se trouvent sur un arbre, ils peuvent en tomber comme une pierre. Heureusement, une fois qu'ils se réchauffent, ils se déplacent comme si rien ne s'était passé.

113. Les tortues enterrent leurs œufs. Les œufs plus chauds au sommet donnent naissance à des filles, et les œufs plus frais au fond à des garçons.

114. La tortue géante des Seychelles peut vivre 150 ans.

115. Les serpents et les lézards sentent avec leur langue.

116. Les poumons des tortues sont fixés à l'intérieur du sommet de leurs coquilles.

117. Les crocodiles de mer sont les plus grands reptiles du monde, ils sont presque 4 fois plus grands qu'une personne adulte !

118. Les crocodiles ne peuvent pas tirer la langue parce qu'elle est attachée au fond de leur bouche.

119. Il y a une espèce de lézards en Nouvelle-Guinée et dans les îles Salomon dont le sang n'est pas rouge, mais vert.

120. Les caméléons ne changent pas de couleur pour se camoufler, mais pour communiquer et réguler leur température corporelle. Les couleurs claires leur permettent de se refroidir et inversement.

Les Insectes

121. Les abeilles se trouvent sur tous les continents, sauf en Antarctique.

122. Seuls les grillons mâles stridulent.

123. Une coccinelle peut manger jusqu'à 5 000 insectes au cours de sa vie.

124. Une abeille fait battre ses ailes 190 fois par seconde.

125. Les chenilles ont 12 yeux.

126. Les escargots ont quatre nez.

127. Il y a un insecte qui mange des fourmis et qui effraie ses prédateurs en empilant ses victimes sur son corps.

128. Certains bousiers peuvent pousser l'équivalent de 1 000 fois leur propre poids. C'est comme si un homme pouvait tirer une navette spatiale de 72 tonnes.

129. Les moustiques sont attirés par les pieds qui sentent mauvais.

130. Certaines cigales émettent des sons allant jusqu'à 110 décibels, c'est aussi fort qu'un concert de rock !

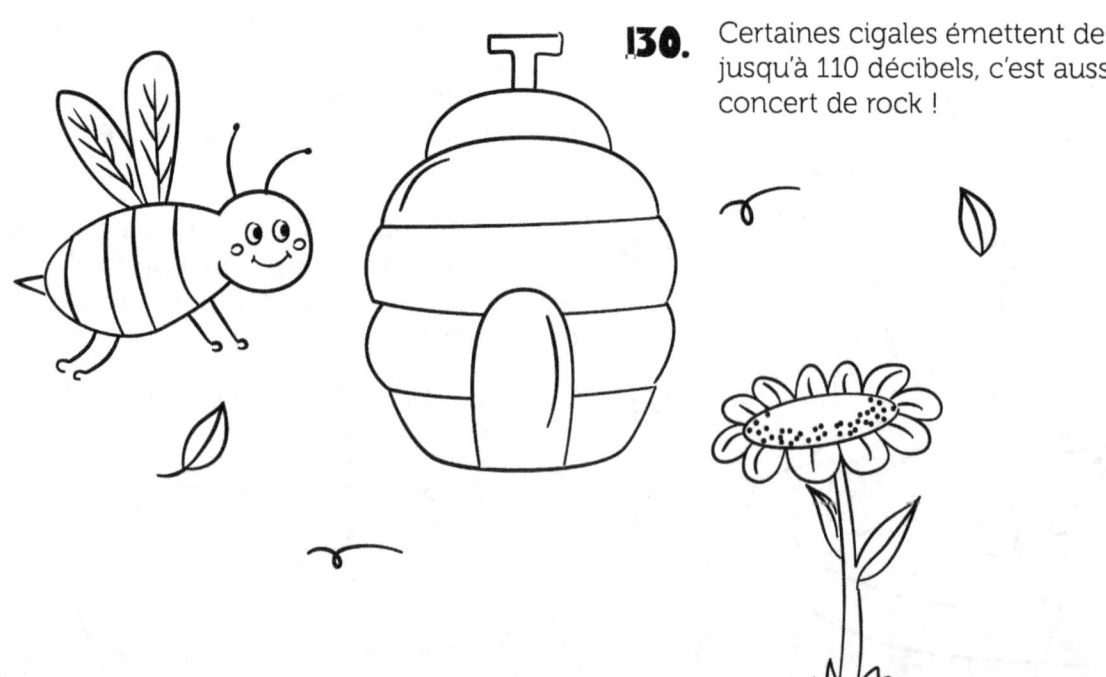

131. Les insectes sont des invertébrés, ce qui signifie qu'ils n'ont pas de colonne vertébrale.

132. Les araignées ne sont pas des insectes, mais des arachnides.

133. Les scorpions ou les tiques sont d'autres exemples d'arachnides.

134. Le papillon de la Reine Alexandra est le plus grand papillon au monde.

135. Comme les poissons, les insectes ont aussi le sang froid.

Les Dinosaures

136. Le mot dinosaure signifie « lézard terriblement grand ».

137. Des restes de dinosaures ont été trouvés sur tous les continents, y compris sous le gel de l'Antarctique.

138. Le dinosaure ayant le nom le plus long vivait en Chine. Essaie de le prononcer rapidement : Micropachycéphalosaure.

139. Les gens qui étudient les dinosaures sont appelés des paléontologues.

140. Tous les dinosaures n'étaient pas énormes, certains étaient aussi petits que des poules.

141. Les plus grands mangeaient des plantes, et ceux qui se nourrissaient de viande étaient généralement plus petits.

142. Ils n'avaient pas le sang froid comme les reptiles contemporains, ni le sang chaud comme les mammifères. Ils avaient quelque chose entre les deux.

143. Les scientifiques pensent que le T-Rex a peut-être eu des plumes.

144. Il y a des centaines d'années de cela, lorsque des os de dinosaures ont été trouvés en Chine, les gens pensaient qu'ils étaient des restes de dragons géants.

145. Les dinosaures sont apparus et ont disparu à l'ère mésozoïque, entre 250 et 65 millions d'années.

146. Tous les animaux du mésozoïque n'étaient pas que des dinosaures, certains étaient des reptiles et nous confondons souvent ces deux termes.

147. Les ptérodactyles étaient des reptiles par exemple, bien qu'ils soient souvent dénommés à tort comme dinosaures.

148. Les dinosaures marins étaient en fait des reptiles, aucun dinosaure n'était adapté à la vie dans l'eau.

149. Les reptiles étaient des créatures marines qui se sont adaptées à la terre. Cependant, certains d'entre eux ont évolué pour se réadapter à l'eau, comme les ichtyosaures.

150. Les oiseaux d'aujourd'hui appartiennent à la famille des vélociraptors.

Chapitre 2:
L'ESPACE

Les Planètes

151. Il y a huit planètes dans notre système solaire : Mercure, Vénus, la Terre, Mars, Jupiter, Saturne, Uranus et Neptune. Pluton n'est plus considérée comme une planète.

152. Tu peux te rappeler l'ordre des planètes avec ce moyen mnémonique amusant : Merveilleuse Vue, Toute Ma Joie Sur Un Nuage.

153. Jupiter est la plus grande planète et on peut y placer 1 321 planètes Terre.

154. La plus petite planète est Mercure.

155. La Terre met 365 jours (1 an) pour faire le tour du soleil.

156. La Terre est faite de roche et Jupiter est faite de gaz.

157. À l'exception de la Terre, toutes les planètes de notre système solaire ont été nommées d'après les dieux et déesses grecs et romains.

158. Saturne est la deuxième plus grande planète et les anneaux qui tourbillonnent autour d'elle sont faits de glace et de poussière.

159. Galilée a vu ces anneaux pour la première fois avec un télescope il y a plus de 400 ans.

160. Il y a plus de 500 000 pièces de débris spatiaux en orbite autour de la Terre, y compris des clés à molette lâchées par les astronautes lors de la construction de la Station Spatiale.

Les Étoiles

161. Les étoiles sont des boules de gaz très chaudes, composées principalement de deux gaz : l'hélium et l'hydrogène.

162. L'hydrogène peut se transformer en hélium, libérant ainsi beaucoup d'énergie, c'est ainsi que les étoiles naissent.

163. Une étoile peut brûler et briller de mille feux pendant des milliards d'années.

164. La plupart des étoiles du ciel sont des naines rouges ; elles sont froides et plus petites que la moitié du Soleil.

165. Les étoiles brillent du fait du mouvement dans l'atmosphère terrestre.

166. Les plus petites étoiles vivent le plus longtemps. Les géantes sont lumineuses mais brûlent très rapidement.

167. Les plus petites étoiles sont de couleur rouge et ne brillent pas tant que ça. Les étoiles jaunes sont de taille moyenne, comme le Soleil. Les plus grosses sont bleues et sont très lumineuses.

168. Quand les étoiles meurent, elles explosent et forment une explosion appelée supernova qu'on peut parfois voir sans utiliser aucun appareil.

169. Il faut des millions d'années pour que la lumière de certaines étoiles atteigne nos yeux, nous voyons donc des étoiles qui ont existé il y a très longtemps de cela.

170. Il y a plus d'étoiles dans l'univers que tous les grains de sable sur toutes les plages de la Terre.

Le Soleil

171. Le Soleil a environ 4,5 milliards d'années.

172. Il est énorme, il fait 1,3 million de planètes Terre.

173. Le coucher de soleil sur Mars est bleu.

174. Les températures peuvent monter jusqu'à 15 millions de degrés Celsius dans le Soleil.

175. Les taches solaires sont des régions plus sombres que l'on peut voir sur la surface du Soleil.

176. Les taches solaires ont une forte activité magnétique et sont beaucoup moins chaudes que le reste du Soleil.

177. Certains de ces champs magnétiques à proximité des taches solaires s'emmêlent ou se croisent, provoquant de fait une explosion d'énergie appelée éruption solaire.

178. Les éruptions solaires peuvent interférer avec les communications radio sur Terre.

179. La majeure partie du Soleil est faite d'hydrogène, un gaz très explosif.

180. Une éclipse solaire se produit lorsque la Lune se déplace entre la Terre et le Soleil.

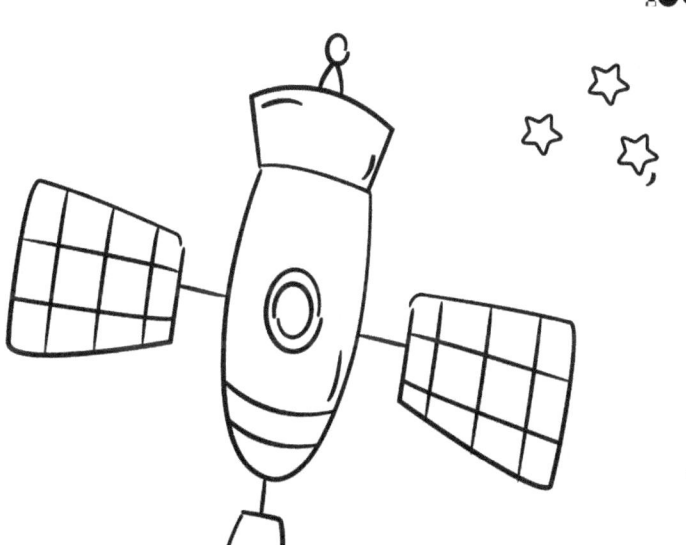

La Lune

181. La Lune fait le tour de la Terre en 27,3 jours.

182. Au cours de la journée, Il fait très chaud sur la Lune (107 degrés Celsius).

183. Pourtant, la nuit, il y fait très froid (-232 degrés Celsius).

184. La première personne à avoir marché sur la Lune était Neil Armstrong en 1969.

185. Les comètes et les astéroïdes sont à l'origine des énormes cratères présents à la surface de la Lune.

186. Il y a de petites quantités d'eau sur la Lune.

187. Une éclipse lunaire a lieu lorsque la Terre se trouve entre la lune et le soleil.

188. La Lune est un satellite naturel.

189. Un satellite est un objet qui tourne autour d'une planète, et ils peuvent être naturels ou faits par l'Homme.

190. La Lune n'émet pas de lumière, nous la voyons parce qu'elle reflète la lumière du Soleil.

Les Comètes

191. L'une des comètes les plus célèbres est la comète de Halley.

192. La comète de Halley se rapproche de la Terre tous les 75 ans.

193. La prochaine fois que tu pourras voir la comète de Halley, ce sera en 2061.

194. Une comète ressemble à une boule de neige sale avec une longue queue derrière elle.

195. Parfois, notre planète passe par l'orbite d'une comète. Des morceaux de poussière laissés par cette dernière peuvent entrer en contact avec les gaz qui entourent la Terre.

196. Cette poussière brûle dans le ciel et on appelle le phénomène qui en résulte une pluie de météores.

197. La partie principale de la comète est appelée le noyau, et il ressemble à une grosse boule.

198. Le noyau fait quelques kilomètres de large et est constitué de glace, de gaz, de poussière et de roche

199. Si une comète s'approche d'une étoile ou du Soleil, la chaleur la réduit à l'état de gaz et de poussière. Cela a pour effet de former un nuage flou autour du noyau, appelé coma.

200. Le coma peut continuer de grandir

Les Astronautes

201. Le mot astronaute vient de la langue grecque et signifie « navigateur des étoiles ».

202. Construire une combinaison d'astronaute à partir de zéro peut coûter jusqu'à 250 millions de dollars.

203. Seuls 532 astronautes ont voyagé dans l'espace, et 12 ont marché sur la Lune.

204. Les astronautes grandissent après avoir été dans l'espace.

Astronaute

205. Les astronautes entraînés par l'Agence Spatiale russe sont appelés des cosmonautes.

206. Le bord de l'espace est à environ 100 kilomètres au-dessus du niveau de la mer et est appelé la ligne de Karman. C'est à cette altitude que tu dois aller pour entrer dans l'espace !

207. Sergei Krikalev, un cosmonaute russe, a été dans l'espace six fois et y a passé près de 804 jours, c'est plus que tout autre être humain.

208. La première chose que les astronautes ont mangée dans l'espace a été de la compote de pommes.

209. Les empreintes d'astronautes sur la lune seront présentes pendant 100 millions d'années.

210. En 2011, une jeune fille de dix ans a découvert une supernova que personne d'autre n'avait vue auparavant, pas même un astronaute !

Les Trous Noirs

211. Les trous noirs ont une gravité incroyablement puissante et attirent tout ce qui les entoure. Rien ne peut s'en échapper, pas même la lumière. La gravité est la force avec laquelle de très grands astres attirent les autres et qui, par exemple, nous maintient sur la Terre et fait tomber les choses lorsque nous les lâchons.

212. Il y a un énorme trou noir au centre de la plupart des galaxies, y compris la nôtre, la Voie lactée.

213. Les trous noirs sont invisibles, nous ne pouvons que savoir où ils sont en étudiant le comportement des astres aux alentours.

214. Les supernovas dues à de très grandes étoiles libèrent d'énormes quantités d'énergie et donnent naissance à des trous noirs.

215. Le bord d'un trou noir est appelé l'horizon des événements. Une fois que tu l'as dépassé, il n'y a plus de retour possible !

216. Les trous noirs sont très lourds. Un seul peut peser à lui tout seul des millions de soleils réunis.

217. Ils ne vivent pas éternellement et s'évaporent lentement.

218. On appelle le centre d'un trou noir une singularité.

219. L'écoulement du temps ralentit près d'un trou noir, de sorte que les horloges semblent fonctionner plus lentement.

220. Si deux trous noirs se rencontrent, ils peuvent fusionner afin d'en former un plus grand.

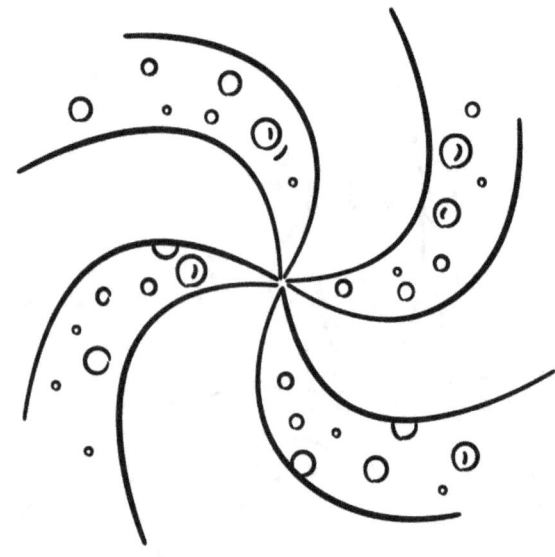

Les Astéroïdes

221. Les astéroïdes orbitent autour du soleil comme de petites planètes.

222. Ils sont faits de roche et de métal.

223. Leur surface est généralement irrégulière et a la forme d'une patate.

224. Les astéroïdes de moins de 50 mètres de large sont nommés des météoroïdes.

Anecdotes Bonus

225. On appelle un météoroïde qui pénètre l'atmosphère terrestre un météore.

226. Les étoiles filantes sont des météores qui brûlent au fur et à mesure qu'ils tombent.

227. On appelle un météore qui parvient à frapper la Terre une météorite.

228. Il y a beaucoup d'astéroïdes en orbite autour du Soleil entre Mars et Jupiter, on appelle cette zone la ceinture d'astéroïdes.

229. La ceinture d'astéroïdes contient des milliards d'astéroïdes, certains d'entre eux sont si grands qu'ils sont considérés comme des planètes mineures.

230. Les scientifiques pensent qu'un astéroïde a frappé la Terre il y a 65 millions d'années et que c'est ce qui a causé l'extinction des dinosaures.

231. Dans l'espace, les distances sont mesurées en années-lumière, soit la distance parcourue par la lumière en un an, ce qui équivaut à 10 000 milliards de kilomètres.

232. Vénus est la seule planète qui tourne dans le sens des aiguilles d'une montre.

233. Un jour sur Vénus équivaut à huit mois sur Terre.

234. Une cuillère à café d'étoiles à neutron pèse six milliards de tonnes.

235. Jupiter est la planète du système solaire qui tourne le plus rapidement.

236. Le son n'existe pas dans l'espace.

237. Il y a une grande tache rouge sur Jupiter qui peut être vue depuis la Terre : c'est une tempête qui fait rage depuis 200 ans.

238. Cette tempête fait la taille d'une Terre et demie.

239. Les États-Unis et la Russie ont mené une course spatiale afin de déterminer qui était le premier à conquérir l'espace et à envoyer des humains sur la Lune.

240. La course spatiale a commencé en 1955.

241. Le premier homme dans l'espace, en 1961, a été un cosmonaute russe : Youri Gagarine.

242. La plus grande lune de Saturne se nomme Titan.

243. La pluie sur Titan est faite de méthane, donc elle sent comme de la bouse de vache.

244. Les volcans sur Titan et sur les autres satellites de Saturne crachent de la glace au lieu de la lave !

245. Il y a une planète faite de diamants. Nous ne pouvons pas en obtenir, car elle se situe à plus de 40 années-lumière. Le Soleil se trouve seulement à environ 0,00001 milliard d'années-lumière !

246. Il y a de la vapeur d'eau dans l'espace.

247. Un énorme nuage d'eau a été trouvé à 10 milliards d'années-lumière de nous. Il possède 140 mille milliards de fois plus d'eau que la Terre !

248. Certaines théories prétendent que la Lune faisait partie de la Terre.

249. Il y a un volcan sur Mars qui est trois fois plus élevé que le mont Everest, il s'appelle le mont Olympe.

250. Vénus est la planète la plus chaude avec 471 degrés Celsius.

Chapitre 3:

LE MONDE

Les Continents

251. Au début de la formation de la Terre, tous les continents étaient unis pour former un supercontinent appelé la Pangée.

252. Les continents sont des morceaux massifs de terre solide (ils sont séparés par l'eau ou d'autres éléments naturels comme les grandes montagnes).

253. Ils se déplacent au même rythme que nos ongles poussent.

254. Il y a sept continents dans le monde.

255. Il s'agit de l'Europe, de l'Asie, de l'Amérique du Nord, de l'Amérique du Sud, de l'Australie, de l'Antarctique et de l'Afrique.

256. L'Asie est le plus grand continent.

257. L'Afrique est le continent avec le plus de pays : 54.

258. L'Australie est le seul pays qui est aussi un continent à lui tout seul.

259. En anglais, les noms de tous les continents se terminent par la même lettre qu'ils commencent (sans prendre en compte le fait que l'Amérique est divisée en deux parties : le nord et le sud !).

260. L'Amérique du Nord est le seul continent à avoir tous les types de climats.

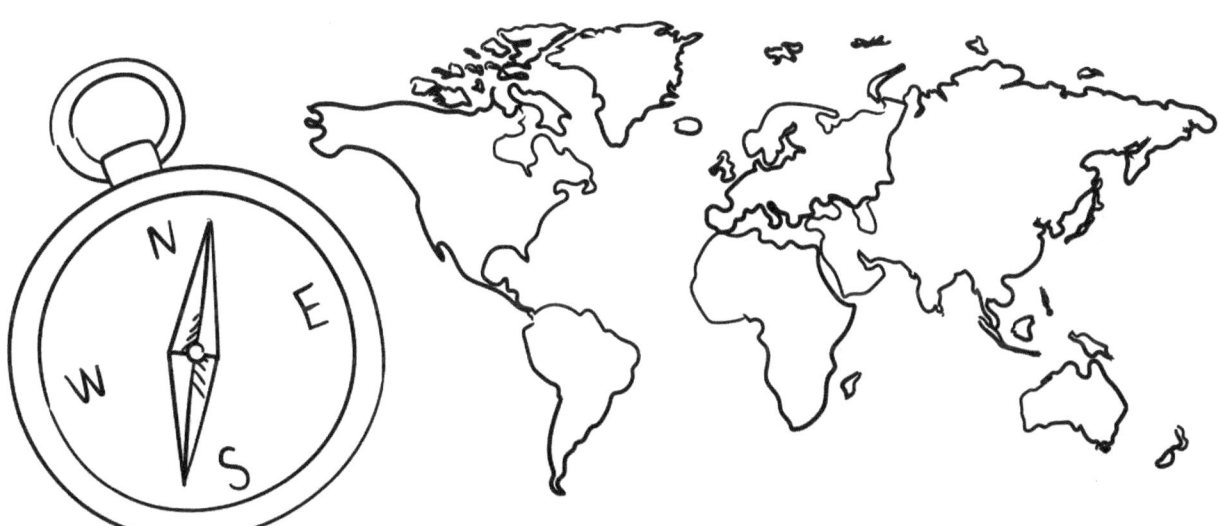

L'Antarctique

261. 98% de la surface de l'Antarctique est recouverte de glace.

262. Cependant, personne ne vit là-bas ; certains scientifiques y passent des mois pour y effectuer des recherches, et certains touristes pour visiter le continent.

263. L'Antarctique est l'endroit le plus froid et venteux de la planète.

264. Sa taille varie au cours de l'année. En hiver, il est deux fois plus grand qu'en été parce qu'une grande partie de l'océan autour de lui gèle.

265. En été, la lumière du jour est présente 24 heures sur 24.

266. En hiver, il fait sombre jour et nuit !

267. Il n'y a pas de fuseaux horaires en Antarctique.

268. Les manchots d'Adélie sont le type de manchots le plus commun sur le continent.

269. Outre les manchots d'Adélie, seuls les manchots empereurs vivent sur le continent Antarctique.

270. L'épaisseur de la glace de l'Antarctique peut aller jusqu'à 4 kilomètres, c'est pourquoi l'Antarctique est connu comme étant un continent gelé.

Les Pays

271. La Cité du Vatican est le plus petit pays du monde et est située dans la ville de Rome, en Italie.

272. La Russie est le plus grand pays du monde et fait presque deux fois la taille des États-Unis.

273. L'Australie est un peu plus grande que la Lune.

274. La France est le pays le plus visité du monde.

275. La Suède compte plus d'îles que tout autre pays, avec un chiffre de près de 270 000.

276. Aux Pays-Bas, la plupart des gens préfèrent faire du vélo plutôt que de marcher ou d'utiliser d'autres types de véhicules.

277. Il y a plus de familles avec des animaux de compagnie en Nouvelle-Zélande que partout ailleurs dans le monde.

278. La ville la plus peuplée du monde se trouve au Japon. Tokyo compte presque autant d'habitants que dans tout le Canada.

279. La plus grande ville du monde est située aux États-Unis. La ville de New York est plus grande que certaines îles comme Porto Rico ou la Jamaïque.

280. La Chine est le pays qui compte le plus d'habitants au monde, suivie de près par l'Inde.

Les Montagnes

281. La surface de la Terre est divisée en plaques qu'on appelle plaques tectoniques. Selon leur taille, elles sont appelées plaques tectoniques majeures, mineures ou microplaques. La Terre ressemble à un puzzle !

282. Ces plaques, qui se sont heurtées les unes aux autres, ont formé certaines des montagnes que nous pouvons voir aujourd'hui.

283. Dans d'autres cas, ce sont les volcans qui créent des accumulations de lave et qui forment des montagnes une fois qu'elles refroidissent.

284. Au fur et à mesure que les plaques tectoniques se déplacent, certains volcans sous-marins entrent en éruption et laissent des rangées d'îles dans leur sillage, comme Hawaï.

285. La plus haute montagne du monde est le mont Everest.

286. Il y a des guides spécialisés dans l'accompagnement des alpinistes dans l'Himalaya, où se situe le mont Everest, appelé Sherpas.

287. Contrairement à ce que l'on peut croire, il faut être plus prudent lors de la descente de l'Everest que lors de la montée, car il est plus facile de glisser.

288. Certaines des plus hautes montagnes se trouvent sous l'eau.

289. Le point le plus élevé d'une montagne s'appelle le sommet.

290. Le mont Kilimandjaro est la plus haute montagne qui se dresse seule : elle ne fait pas partie d'une chaîne de montagnes, et elle se trouve en Afrique.

Les Drapeauxpeaux

291. Il y a 195 pays dans le monde et chacun possède son propre drapeau.

292. Le plus grand drapeau jamais fait a été le drapeau national roumain. Il mesurait environ 350 sur 2270 mètres, ce qui représente l'équivalent de trois grands terrains de football.

293. Le drapeau du Népal est le seul au monde à ne pas avoir quatre côtés (il est composé de deux triangles).

294. Deux pays ont des drapeaux carrés : La Suisse et la Cité du Vatican.

295. La couleur la plus rare se trouvant sur un drapeau est le violet.

296. Seuls deux pays utilisent le violet dans leurs drapeaux : Le Nicaragua et la Dominique.

297. Le drapeau le plus coloré au monde appartient au Belize. Il possède 12 couleurs différentes.

298. Le drapeau le plus ancien est celui du Danemark, utilisé depuis 1625, et le drapeau le plus récent est celui du Soudan du Sud, utilisé depuis 2010.

299. Chaque année, des milliers de drapeaux sont brûlés aux États-Unis, car ils sont en mauvais état et ne méritent plus de représenter le pays.

300. Ce grand feu se produit lors du Jour du drapeau, le 14 juin, au cours d'une cérémonie appelée la « Ceremony for Disposal of Unserviceable Flags ».

Les Différentes Cultures

301. Chaque pays a des cultures et des rituels différents. Cela inclut ce que les gens portent, leur religion, et ce qu'ils mangent.

302. Il y a plus de 7 000 langues différentes dans le monde.

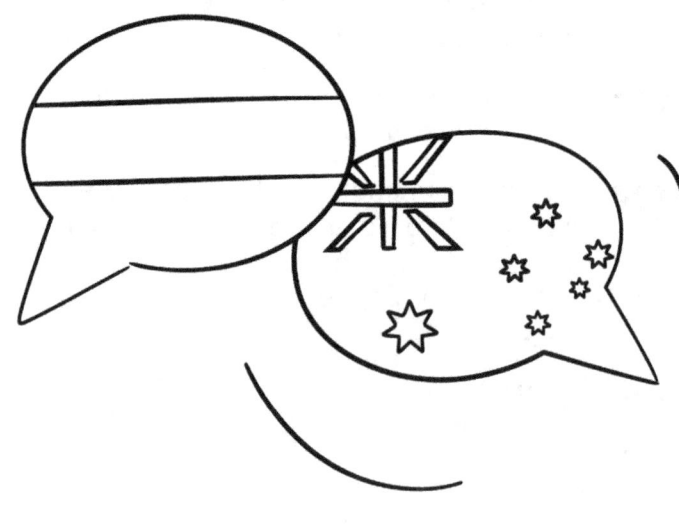

Des Traditions Inattendues

303. Voici le virelangue le plus dingue de la langue anglaise : sixth sick sheik's sixth sheep's sick.

304. Dans la culture chinoise, le numéro quatre est considéré comme de la malchance.

305. En Irlande, tout le monde s'habille et tout est décoré en vert pour la fête de Saint Patrick, et les célébrations durent quatre jours !

306. En Irlande, les farfadets sont des créatures mythologiques qui portent des vêtements verts et ont des marmites remplies d'or que l'on peut trouver aux pieds des arcs-en-ciel.

307. Mohammed est le nom le plus populaire dans le monde.

308. 43 pays ont encore des familles royales.

309. Il est illégal de se tenir à moins de 90 mètres environ de la Reine d'Angleterre sans porter de chaussettes.

310. Si tu manges en Égypte, il est considéré comme étant impoli de demander du sel pour ton plat.

311. Il y a un sanctuaire en Inde où les nouveau-nés sont lâchés du haut d'une tour de 50 mètres et rattrapés dans un filet de sécurité, car on pense que cela leur apportera la bonne fortune.

312. La plus grande bataille de tomates au monde a lieu chaque année en Espagne et s'appelle la Tomatina.

313. En Indonésie, chaque année au mois de novembre, il y a une fête en l'honneur des singes sauvages. Ils reçoivent des fruits, des fleurs et du gâteau !

314. En Pologne, il est de coutume d'applaudir lorsque les avions atterrissent.

315. L'Autriche et ses pays voisins considèrent le Fingerhakeln comme un vrai sport.

316. Au Danemark, les personnes qui atteignent l'âge de 25 ans et qui sont encore célibataires participent à un rituel où de la cannelle leur est jetée dessus.

317. Au Brésil, l'avocat n'est pas utilisé dans les salades ou les sandwiches, mais dans les desserts, la crème glacée ou encore les smoothies parce qu'ils le considèrent comme un fruit (ce qui est le cas en vérité).

318. Il y a un festival en Espagne, qui consiste à brûler des statues en carton. Leur construction prend une année entière à leurs créateurs et elles peuvent mesurer plus de 20 mètres.

319. L'Autriche célèbre non seulement l'arrivée du père Noël, mais aussi l'arrivée de son jumeau maléfique, le Krampus, le 6 décembre.

320. Il y a une ville en Allemagne où il est de tradition de briser toutes les décorations présentes sur les étagères, comme des assiettes ou des vases, avant un mariage. Cependant, les miroirs ne sont pas autorisés !

La Mode

321. Il faut plus de 1135 litres d'eau pour faire seulement une chemise en coton et pas moins de 1 4542 gallons d'eau pour une paire de baskets.

322. Les vêtements peuvent mettre plus de 40 ans à se décomposer.

323. Dans certaines régions sur Terre, il est normal pour les hommes de porter des jupes, comme des toges ou des kilts.

324. Dans le village de Spielplatz, en Grande-Bretagne, les gens ne portent pas de vêtements.

325. Dans l'Europe antique, les gens portaient des chaussures hautes appelées chopines pour protéger leurs vêtements des rues sales. Certaines pouvaient mesurer jusqu'à 50 centimètres !

326. Au cours des XVIème et XVIIème siècles, les grands fronts étaient considérés comme attirants. Les femmes s'épilaient les cheveux au niveau du front pour les rendre plus grands !

327. Les jupes plus courtes sont apparues en même temps que l'invention des voitures, ce qui permettait aux femmes d'entrer plus facilement dans ces dernières.

328. Le nylon était rare pendant la Seconde Guerre Mondiale ; en effet, les femmes peignaient leurs jambes de sorte qu'on avait l'impression qu'elles portaient des bas.

329. Durant l'Antiquité, les Égyptiens considéraient les vrais cheveux comme étant sales. Ils les rasaient et portaient des perruques chics à la place.

330. Les femmes de la Grèce antique éclaircissaient leur peau avec du plomb !

L'Argent

331. Les premières pièces ont été fabriquées il y a plus de 2 500 ans.

332. La monnaie de papier a été créée en Chine il y a environ 1 000 ans.

333. Les premières cartes de crédit ont été utilisées dans les années 1920 aux États-Unis.

334. Le visage de Benjamin Franklin apparait sur les billets de 100 dollars.

335. Les anciennes pièces de monnaie et billets de banque sont des objets de collection et ils sont très précieux.

336. La devise de la première pièce de monnaie des États-Unis était la suivante : « Mind Your Business » d'un côté, et « We are One » de l'autre.

337. Le billet britannique de cinq livres peut lire des disques comme une aiguille.

338. Un des billets les plus rares est un billet de 1 000 dollars de la fin du XIXème siècle qui a été achetée par un collectionneur pour plus de 2 millions de dollars.

339. Il y a plus de microbes sur une pièce de monnaie que sur un siège de toilette.

340. Chaque année, aux États-Unis, il y a plus d'argent Monopoly imprimé que de monnaie réelle.

Anecdotes Bonus

341. Le plus grand désert chaud du monde est le Sahara, situé en Afrique.

342. L'Arctique et l'Antarctique sont considérés comme des déserts froids et sont beaucoup plus grands.

343. Le nom de ville le plus difficile à prononcer se situe au pays de Galles : Llanfairpwllgwyngyll.

344. La Californie a plus d'habitants que l'ensemble du Canada.

345. Le nom original de Los Angeles, en Californie, est « El Pueblo de Nuestra Señora la Reina de los Angeles del Río de Porciúncula » car il s'agissait d'une colonie espagnole.

346. La Russie et les États-Unis sont à seulement 4 kilomètres de distance environ à leur point le plus proche.

347. La Russie est répartie sur onze fuseaux horaires différents.

348. Les îles Canaries portent ce nom d'après une race de chiens, et non d'oiseaux.

349. Les personnes les plus petites en taille à l'échelle mondiale vivent en Indonésie.

350. Le Japon est le pays qui a le plus de tremblements de terre parce qu'il est situé dans une zone sismique très active.

Chapitre 4:

LES SPORTS

Les Jeux Olympiques

351. Les Jeux olympiques ont lieu chaque année bissextile (tous les quatre ans).

352. Les médailles d'or olympiques sont en réalité en argent et enduites d'or.

353. Les cinq anneaux du drapeau olympique représentent les cinq continents : l'Amérique (Nord et Sud compris), l'Asie, l'Afrique, l'Europe et l'Océanie (région qui comprend l'Australie). L'Antarctique n'a pas de citoyens, il n'y participe donc pas.

354. Chaque jeu olympique a sa propre mascotte.

355. Les athlètes ayant un quelconque handicap participent aux Jeux paralympiques.

356. Les Jeux olympiques n'ont été annulés qu'au cours de la Première Guerre Mondiale en 1916, de la Seconde Guerre Mondiale en 1940 et 1944, et en raison de la COVID-19 en 2020.

357. Chaque édition des Jeux olympiques a lieu dans un pays différent, qui est choisi sept ans à l'avance.

358. Le tir à la corde était un sport olympique entre 1900 et 1920 et faisait partie du programme d'athlétisme.

359. Le sport olympique le plus dangereux est le ski acrobatique aérien. Les compétiteurs réalisent des sauts allant jusqu'à 20 mètres au-dessus de la surface d'atterrissage et effectuent des sauts et figures dans les airs.

360. Au cours des Jeux olympiques de la Grèce antique, les athlètes participaient sans porter de vêtements.

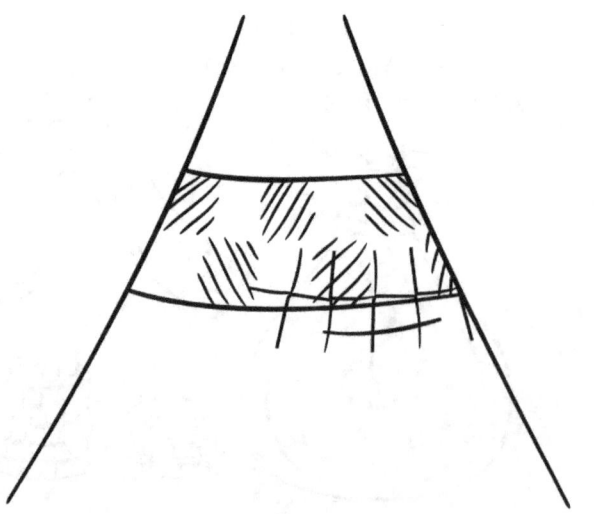

Les Sports de Ballon

361. Les arbitres courent plus que les joueurs lors d'un match de football. Ils courent souvent plus de onze kilomètres en un seul match.

362. Les premières balles de golf ont été faites en bois et entièrement à la main.

363. Une balle de base-ball a exactement 108 points au niveau des coutures.

364. L'herbe de Wimbledon mesure 5 centimètres environ. Elle était beaucoup plus haute jusqu'à ce qu'un serpent morde un joueur en 1949.

365. Le plus long match de tennis qui a jamais existé a duré 11 heures et cinq minutes et s'est déroulé sur trois jours.

366. En 1957, une femme a été frappée au visage par une balle de base-ball. Alors que les ambulanciers l'emmenaient, une deuxième balle l'a frappée !

367. À l'origine, les balles de tennis étaient blanches et non jaunes.

368. Il y a un ananas qui trône au sommet du trophée de Wimbledon.

369. À chaque coupe du monde de rugby, lors du match d'ouverture, le même coup de sifflet lance les olympiades. Cela fait plus de 100 ans.

370. Le but le plus rapide jamais marqué au football a pris 2,4 secondes.

Les Sports Aquatiques

371. La natation synchronisée réunit la natation, la danse classique et la gymnastique.

372. Au cours des Jeux olympiques de 1928, le gagnant de l'aviron a battu tous les autres compétiteurs alors qu'il s'était arrêté pour laisser passer une famille de canards pendant la course.

373. Le temps de surf le plus long sur une seule vague a été de 37 minutes.

374. Le record de la plus haute chute libre en kayak est d'environ 58 mètres. C'est comme tomber d'un immeuble de 20 étages !

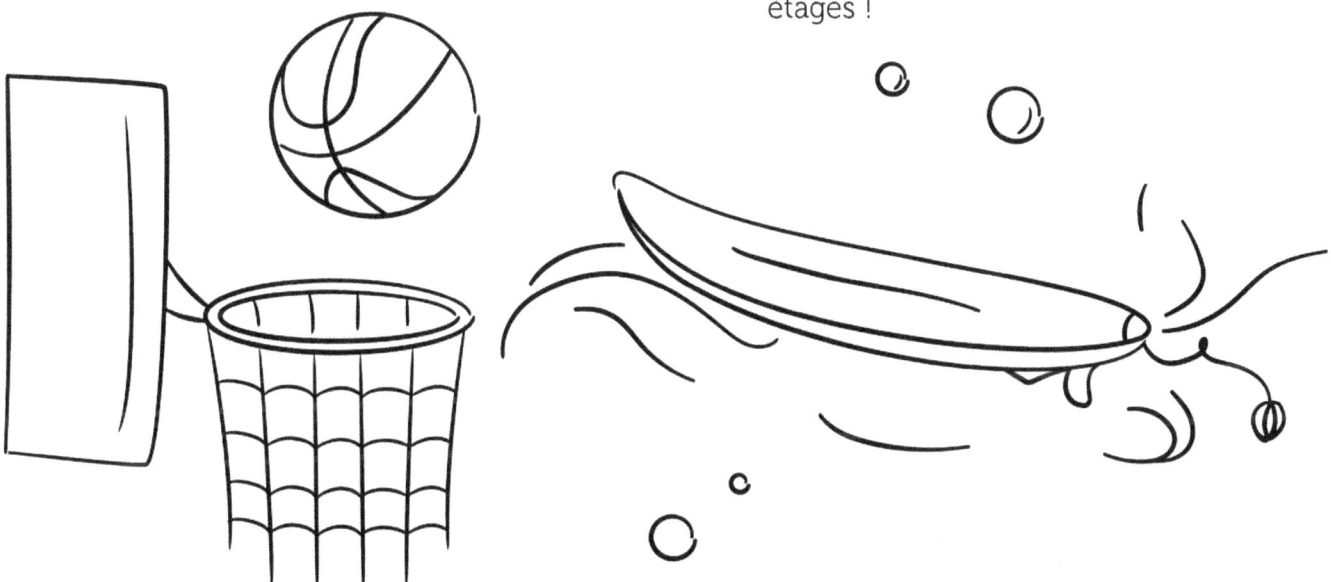

375. Plus de la moitié de la population mondiale ne sait pas nager.
376. La plus grande piscine du monde est située au Chili et fait presque un kilomètre de long.
377. Le premier transatlantique possédant sa propre piscine était le Titanic.
378. Les premières lunettes de natation ont été fabriquées à partir de carapaces de tortue.
379. Les apnéistes peuvent retenir leur respiration pendant 10 minutes.
380. Le sport nautique le plus populaire est la voile, suivi du kitesurf.

Les Sports de Neige

381. Un snowboardeur olympique peut sauter l'équivalent de quatre étages.
382. Le ski jeöring est un sport où une personne à skis est tirée par des chiens ou un cheval.
383. Le yukigassen est un sport japonais dans lequel deux équipes s'affrontent dans un combat de boules de neige.
384. Le premier snowboard s'appelait le snurfer.
385. Le patinage sur glace a été inventé en Suède par les Vikings.

Le Cyclisme

386. La première femme à faire le tour du monde à vélo l'a réalisé en 1984 et il lui a fallu 15 mois.
387. Plus de 100 millions de vélos sont produits chaque année.
388. Le vélo tandem le plus long a accueilli 35 personnes et mesurait environ 20 mètres de long.
389. La vitesse de pointe la plus rapide jamais atteinte à vélo est de 296 kilomètres par heure, et elle a été réalisée par une cycliste américaine en 2018.
390. Quinze vélos peuvent occuper le même espace qu'une seule voiture, ils sont beaucoup moins chers à entretenir et ne polluent pas.

La Course à Pied

391. Le créateur du mot « jogging » a eu une crise cardiaque pendant son jogging.

392. Il y a un marathon au pays de Galles où les coureurs font la course contre des chevaux. Les coureurs n'ont gagné que deux fois.

393. Le record du monde pour le marathon le plus rapide en courant à reculons est de 3:43:39.

394. Les coureurs utilisent des boissons énergétiques avant leur course depuis la Grèce antique.

395. Il y a des marathons dans des endroits aussi difficiles que le désert, le pôle Nord ou l'Everest.

La Boxe

396. La boxe a été inventée au cours de la Grèce antique, et le dieu Apollon était considéré comme son créateur et gardien ; on appelait ce sport la « pygmachie ».

397. Le ring est appelé ainsi parce qu'il était initialement rond.

398. Le plus long match de boxe a duré 110 rounds et plus de sept heures.

399. Le nom officiel de la boxe est le pugilat.

400. Il est plus dangereux de se battre avec des gants que sans eux.

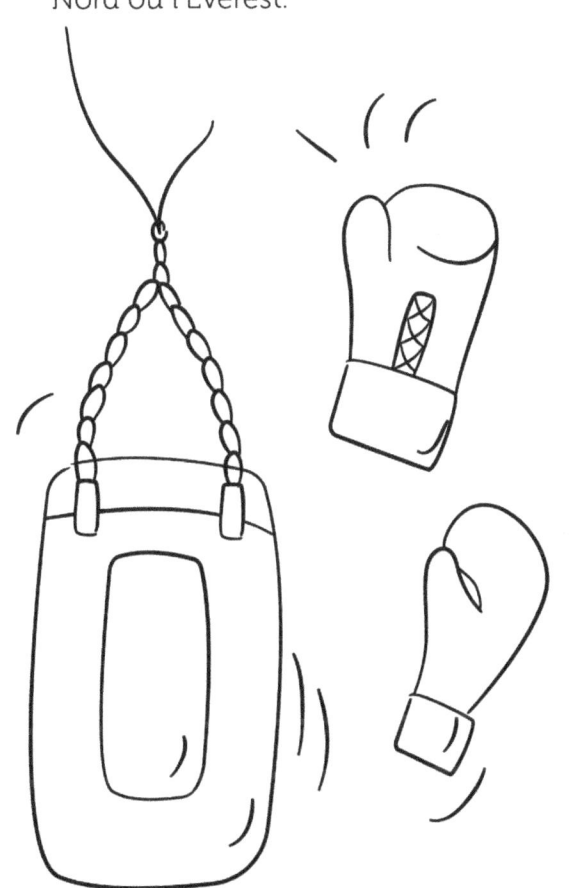

La Course Automobile

401. Nissan, une marque automobile japonaise, n'utilise que le numéro 23 sur ses voitures de course.

402. C'est un jeu de mots, parce qu'en japonais, les chiffres deux et trois sont prononcés « ni » et « san ».

403. Les voitures de course allemandes sont toujours de couleur gris métallisé : c'est la couleur nationale de l'Allemagne.

404. Et c'est pourquoi leurs voitures de course sont surnommées les « Flèches d'Argent ».

405. Le pot d'échappement d'une voiture de Formule 1 devient suffisamment chaud pour faire fondre de l'aluminium.

406. Les couvercles de regard doivent être soudés pour les courses qui se déroulent en ville (comme à Monaco par exemple), sinon les voitures les aspireraient.

407. L'arrêt moyen d'une Formule 1 au stand dure environ 2,4 secondes.

408. Un pilote de Formule 1 qui prend un virage ressent plus de pression qu'un astronaute lors du lancement d'une fusée.

409. Les premières voitures de course utilisaient jusqu'à 150 litres d'essence pour 100 kilomètres de course. C'est la quantité d'eau que l'on doit boire sur 50 jours !

410. Cependant, des efforts ont été faits pour améliorer la consommation de carburant et en faire un sport plus durable ; de ce fait, les voitures d'aujourd'hui ne consomment que 34 litres environ pour 100 kilomètres de course.

Anecdotes Bonus

411. Le jeu rendu célèbre dans les romans d'Harry Potter, le Quidditch, est maintenant un sport officiel.

412. Les cavaliers professionnels qui participent aux courses s'appellent des jockeys.

413. En 1923, un jockey a subi une crise cardiaque lors d'une course à cheval, mais il a quand même réussi à gagner la course.

414. Le record du monde du tir à l'arc le plus long avec une flèche est d'environ 284 mètres.

415. Le détenteur du record n'avait pas de bras et utilisait l'arc avec ses pieds.

416. Le duel au sabre laser, comme dans Star Wars, est reconnu comme un sport compétitif en France.

417. La lutte est considérée comme le plus ancien sport au monde.

418. Il existe des peintures rupestres vieilles de 15 000 ans montrant des lutteurs partout dans le monde.

419. Tout au long de sa vie, une personne marche en moyenne suffisamment pour faire le tour de la Terre quatre fois.

420. Le record du monde du plus grand nombre de pompes d'affilée est de 10 507.

421. Wilt Chamberlain a marqué 100 points au cours d'un seul match de basket-ball de NBA en 1962 et personne n'a encore battu ce record.

422. Le record du monde pour le saut en longueur est de 8,95 mètres. Ce saut est plus long qu'un bus !

423. Le golf a été le premier sport à être joué sur la Lune.

424. Le second était le lancer du javelot.

425. Les deux sports ont été joués aux Jeux olympiques lunaires de 1971 et réalisés par l'équipage de la mission Apollo 14.

426. Les balles de golf ont entre 300 et 500 alvéoles.

427. Le football est le sport le plus populaire au monde.

428. Le BASE jump est le sport extrême le plus dangereux.

429. Au BASE jump, les gens sautent du haut d'un bâtiment, d'une tour, d'une corniche, voire de la terre : c'est ce qui caractérise le BASE jump.

430. Le badminton était autrefois appelé le « Poona ».

Chapitre 5 :
LA NOURRITURE

Les Fruits

431. Les citrouilles sont en fait des fruits et non des légumes !

432. En Afrique, les pastèques ont été utilisées pour transporter l'eau à travers le désert.

433. Les pommes et les bananes peuvent flotter. Essaie ça la prochaine fois que tu iras à la piscine !

434. Cependant, la banane flotte seulement si elle a sa peau, si on la pèle, elle coule.

435. Il y a tellement de types de pommes que, si tu en mangeais une différente chaque jour, il te faudrait 20 ans pour toutes les goûter.

436. Les pommes donnent plus d'énergie que le café.

437. Les raisins explosent au micro-ondes.

438. Les fraises sont les seuls fruits ayant des graines à l'extérieur.

439. Peu importe ce que l'on pense, les fraises et les mûres ne sont pas des baies.

440. Et, bien qu'elles n'en aient pas l'air, les bananes sont effectivement des baies.

441. Les canneberges fraîches peuvent rebondir comme une balle.

442. Tout comme les avocats, les tomates sont des fruits, et non des légumes.

443. La plus grosse tomate du monde pesait un peu plus de 4 kilos et 340 grammes. C'est aussi lourd qu'un chat !

444. Les premières tomates qui ont été cultivées en Europe étaient jaunes, c'est pour cela qu'en italien, on les appelle « pomodoro », qui vient de « pomo d'oro » et signifie « pomme dorée ».

445. Lorsque les tomates rouges ont commencé à se répandre, en France, on les a appelées « pommes d'amour ».

Les Légumes

446. Les carottes n'ont pas toujours été orange, auparavant elles étaient pourpres et jaunes !

447. 90% du brocoli en Amérique vient de Californie.

448. La peau des concombres peut effacer l'encre des stylos, essaie !

449. L'edamame, qui est le soja extrait de la gousse, est le légume qui contient le plus de protéines.

450. Les pommes de terre ont été les premiers légumes à pousser dans l'espace.

451. Si tu manges trop de carottes, ta peau peut devenir orange.

452. Les aubergines sont également appelées « crazy apples », littéralement pommes folles en anglais.

453. Cela est dû au fait qu'elles étaient consommées crues et qu'elles contiennent une substance qui peut provoquer des hallucinations, effet qui disparait lorsqu'elles sont cuites.

454. Les aubergines sont considérées comme des légumes, mais elles sont en réalité des baies.

455. Les concombres et les citrouilles sont également des baies.

456. Manger beaucoup d'oignons peut te rendre somnolent.

457. Les poivrons verts et rouges ne sont pas des variétés différentes : les poivrons verts deviennent rouges lorsqu'ils mûrissent.

458. La pomme de terre est composée à 80% d'eau.

459. Un épi de maïs contient près d'un millier de grains.

460. Le chou romanesco est un légume ayant une apparence très intéressante : il a une forme en spirale composée de nombreux bourgeons de différentes tailles, et a une couleur verte très voyante.

Les Fruits à Coque

461. Les arachides sont des légumineuses, et non des noix.

462. Elles poussent sous terre dans des cosses.

463. Les amandes font partie de la famille des pêches.

464. Les pignons de pin contiennent une noix comestible, appelée pigne.

465. Lors du traitement de l'huile d'arachide, on obtient l'un des composants de la dynamite.

466. Pour que les amandes poussent, une abeille doit polliniser les fleurs d'amande.

467. Les Grecs pensaient que les noisettes pouvaient guérir la calvitie.

468. Il est vrai qu'elles contiennent une vitamine qui favorise le développement du cuir chevelu et prévient la perte de cheveux, mais elles ne guérissent pas de la maladie.

469. Les noix de cajou appartiennent à la même famille que les sumacs vénéneux.

470. Bien que la noix de muscade contienne le mot "noix", ce n'est pas une véritable noix, mais une graine.

471. Les noix aident à avoir une bonne mémoire.

472. Lorsque la coquille des pistaches s'ouvre, elles semblent sourire, et c'est pourquoi, dans certaines régions du monde, on les nomme littéralement les « noix heureuses ».

473. Les pistaches et les mangues appartiennent à la même famille d'arbres.

474. La coque qui contient les noix du Brésil peut peser près de 2 kilos.

475. Seules deux variétés de noix de macadamia sont comestibles, toutes les autres sont toxiques.

Anecdotes Bonus

476. La crème à café, la vinaigrette et d'autres aliments blancs contiennent parfois du dioxyde de titane, un composant se trouvant également dans le plastique et la crème solaire.

477. La raison : le dioxyde de titane est un excellent colorant alimentaire, mais aussi un excellent filtre pour la peau.

478. Manger trop de muscade peut te faire avoir des hallucinations.

479. La coloration naturelle des aliments rouges est extraite d'un insecte appelé la cochenille.

480. L'odorat joue un rôle important en ce qui concerne le goût, donc si on t'empêche de voir ce que tu manges et si on te couvre le nez, tu ne seras pas en mesure de différencier le goût d'une pomme de celui d'un oignon.

481. Le chewing-gum était fait à partir de la sève d'un arbre appelé le « chicle ».

482. Les saumons sont en réalité gris, ils deviennent orange parce que les crustacés qu'ils mangent sont de cette couleur.

483. Dans les fermes piscicoles, les saumons ne mangent pas de crustacés, de sorte qu'on leur donne des vitamines pour les faire devenir orange.

484. Les canettes de soda light flottent dans l'eau et celles des sodas ordinaires coulent.

485. Certains chewing-gums et chocolats sont faits à partir de cire de carnauba, la cire d'un palmier qui est également utilisée pour les crèmes ou les rouges à lèvres.

486. La tarte aux pommes a d'abord été conçue en Grande-Bretagne puis exportée aux États-Unis par les colonisateurs britanniques.

487. La glace à l'eau a été inventée par un garçon de 11 ans.

488. Les figues sont en réalité des fleurs, et non des fruits.

489. Le quatre-quarts tient ce nom à partir de sa recette originale, qui nécessitait un quart de beurre, un quart de sucre, et un quart d'œufs.

490. L'aliment le plus volé est le fromage.

Chapitre 6:
LA MÉTÉO

Le Vent

491. Tu peux entendre le vent uniquement lorsqu'il souffle contre quelque chose.

492. On appelle le son qu'il produit le son éolien.

493. Les girouettes sont utilisées pour connaître la direction du vent.

494. Si tu veux aussi mesurer sa vitesse, tu peux utiliser un outil appelé l'anémomètre.

495. La zone de calmes équatoriaux est une zone située autour de l'équateur où les voiliers restent souvent bloqués pendant plusieurs jours car il n'y a presque pas de vent.

496. Le record du vent le plus rapide a atteint une vitesse de 407 kilomètres par heure lors de l'ouragan qui a eu lieu au large de l'île de Barrow, en Australie.

497. Dans notre système solaire, Saturne a les vents les plus violents : ils vont à plus de 1 770 kilomètres par heure !

498. L'une des fonctions les plus importantes du vent est de transporter des graines pour les disperser.

499. Le vent peut créer de l'électricité, on appelle ce procédé l'énergie éolienne.

500. « Éolien » est un terme en rapport avec le vent et provient du dieu du vent grec Éole.

Les Nuages

501. Un nuage est un ensemble de millions de gouttelettes d'eau. Si tu en touches un, ta main sera mouillée !

502. Les autres planètes ont aussi des nuages. Jupiter et Saturne ont des nuages composés d'ammoniac : ils sentent l'eau de javel.

503. Les nuages ne sont pas légers.

504. Les cirrus sont des nuages constitués de cristaux de glace.

505. Du fait de leur haute altitude, les gouttes d'eau gèlent.

506. Les nuages les plus hauts dans l'atmosphère sont appelés des nuages noctulescents.

507. Ils sont seulement visibles en été à la fin du crépuscule, juste avant la nuit noire.

508. Il existe dix types de nuages, ils dépendent du climat auquel ils sont associés, de la hauteur à laquelle ils se trouvent, de leur taille et de leur couleur.

509. Les nuages gonflés qui ressemblent à du coton sont appelés les cumulus.

510. Les nuages qui transportent de fortes pluies et des orages sont appelés les cumulonimbus.

La Pluie

511. La pluie contient des vitamines.

512. C'est parce qu'il y a de petits organismes dans l'air qui créent des vitamines, et la pluie les transporte lorsqu'elle tombe.

513. Dans la ville de Honduras, il pleut des petits poissons argentés chaque année !

514. L'explication la plus probable est qu'ils sont transportés par des trombes marines au cours des fortes pluies tropicales qui tombent à cet endroit.

515. L'Antarctique est l'endroit où il pleut le moins au monde.

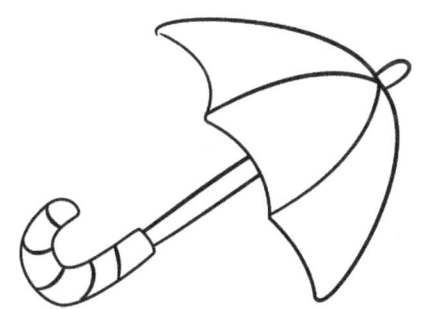

516. Il pleut 350 jours par an sur le mont Wai'ale'ale à Hawaï.

517. Lorsque les nuages touchent les arbres, les gouttes d'eau se condensent et tombent. Ce phénomène s'appelle la pluie horizontale.

518. La « pluie fantôme » (phénomène de virga) est la pluie qui s'évapore avant d'atteindre le sol.

519. Sur Vénus, il ne pleut pas de l'eau mais un acide qui peut presque tout faire fondre, cependant il s'évapore dès qu'il touche le sol.

520. Les scientifiques pensent que sur Saturne, Uranus, Jupiter et Neptune, il ne pleut pas de l'eau mais des diamants.

Les Éclairs

521. L'astraphobie est la peur des éclairs.

522. Lorsque les éclairs frappent le sable, les grains de sable peuvent fusionner afin de créer un tube ressemblant à du verre appelé fulgurite.

523. Un éclair fait la largeur d'un pouce humain.

524. Les éclairs aident les plantes à pousser.

525. Le Venezuela est l'endroit où il y a le plus de coups de foudre dans le monde, parfois il peut y en avoir 40 000 par nuit !

526. L'Empire State Building est touché presque deux fois par mois par la foudre.

527. Un éclair est cinq fois plus chaud que le soleil.

528. Les chênes sont touchés par la foudre plus souvent que les autres variétés d'arbres.

529. Un éclair a assez d'énergie pour alimenter 250 milliards d'ampoules.

530. Et il a assez d'énergie pour éclairer presque 40 000 maisons pendant une heure.

Les Tempêtes, les Ouragans et les Tornades

531. À n'importe quel moment, il y a en moyenne 2 000 orages sur notre planète.

532. Les tempêtes sont étudiées par des météorologues.

533. Un tsunami avance aussi vite qu'un avion à réaction.

534. Les ouragans tournent dans le sens des aiguilles d'une montre dans l'hémisphère Sud et dans le sens inverse dans l'hémisphère Nord.

535. On les appelle aussi cyclones et typhons.

Anecdotes Bonus

536. La seule différence entre ces deux noms est qu'on appelle les typhons les cyclones qui se produisent dans le nord-ouest de l'océan Pacifique.

537. Le plus grand ouragan qui a jamais existé s'appelle le typhon Tip.

538. Le typhon Tip s'est produit en 1979 et faisait la moitié de la taille des États-Unis !

539. Un ouragan créé assez d'énergie chaque seconde pour avoir le même effet que 10 bombes atomiques.

540. Certaines tornades se déplacent plus vite que les voitures de course de Formule 1.

541. Compter les bruits d'un criquet peut te permettre de connaître la température qu'il fait.

542. Les tempêtes de sable peuvent recouvrir des villes entières.

543. Les coulées de boue peuvent faire tomber des immeubles et des arbres énormes.

544. Un temps doux à l'automne peut attirer de plus grosses araignées dans les maisons.

545. Une forte vague de chaleur peut déformer les rails des trains.

546. Pendant plusieurs mois en 2001, la pluie dans une région du sud de l'Inde était rouge.

547. Sa couleur était due à des spores d'algues qui étaient dans l'air et qui se sont retrouvées entraînées par la pluie.

548. Les vers de terre sortent du sol lorsqu'il va pleuvoir.

549. Les feux de forêt peuvent créer des tornades de feu.

550. On appelle également ces tornades enflammées des tourbillons de feu.

551. En 1972, il y avait une si grande tempête de neige en Iran que 200 villes entières se sont retrouvées sous plus de 7 mètres de neige.

552. Le verglas rend les routes très glissantes.

553. Le verglas est dangereux parce qu'il est transparent.

554. Certaines grenouilles font beaucoup plus de bruit lorsqu'il va pleuvoir.

555. De fortes trombes marines (des colonnes tournoyant dans les airs au-dessus de l'eau) peuvent créer des pluies de créatures marines.

556. En 1995, il y a eu une tempête au Texas avec des grêlons plus gros que des balles de baseball.

557. L'ouragan John a duré un mois entier.

558. La pollution forme une barrière dangereuse autour de la Terre qui empêche la chaleur d'en sortir. On appelle cela l'effet de serre.

559. L'accumulation de chaleur réchauffe notre planète et fait fondre la glace en Arctique et en Antarctique.

560. Plus de 16 millions d'orages se produisent dans le monde chaque année.

Chapitre 7:

LE CORPS HUMAIN

Les Os

561. Les adultes ont 206 os dans leur corps mais sont nés avec 300 os. Certains os fusionnent entre eux lorsque nous grandissons.

562. Le plus petit os dans ton corps est l'étrier, il se trouve dans ton oreille.

563. L'os le plus long, le plus gros et le plus solide qui se trouve dans ton corps est le fémur, il se situe dans tes cuisses.

564. Les os sont maintenus ensemble au niveau des articulations par des bandes de tissus appelés les ligaments.

565. Chaque pied possède 26 os.

566. Les os des enfants guérissent plus rapidement que ceux des adultes lorsqu'ils sont cassés.

567. Les fractures (qui sont des os cassés) guérissent entre six et huit semaines.

568. Les girafes et les humains ont le même nombre d'os dans leur cou.

569. Tes os sont vivants, tout comme ton sang et tes organes.

570. Moins de 1% des gens sont nés avec une côte en plus située au-dessus des autres, presque au niveau du cou.

Les Muscles

571. Ton corps a plus de 600 muscles.

572. Le muscle le plus fort par rapport à sa taille est le masséter, c'est le muscle de la mâchoire.

573. Le muscle qui travaille le plus est le cœur, il pompe chaque jour 7 570 litres de sang.

574. Les muscles ne peuvent pas pousser les os mais seulement les tirer.

575. C'est pourquoi nous avons des muscles qui tirent nos doigts vers la paume de la main pour la fermer et d'autres muscles qui les tirent dans le sens opposé pour l'ouvrir.

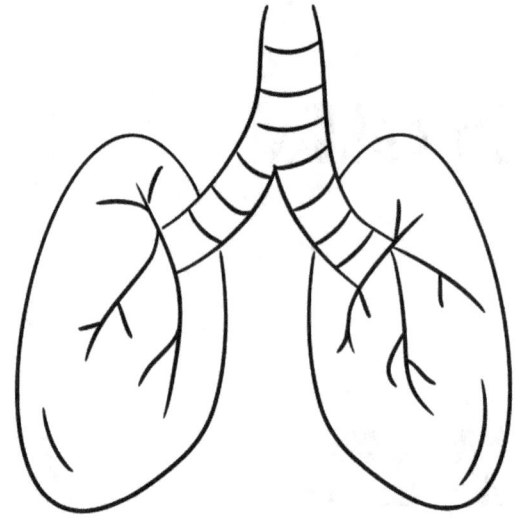

576. Les bouts des muscles où ils sont attachés sont appelés les tendons.

577. Les muscles sont essentiellement composés d'eau.

578. Tu as plus de 30 muscles dans ton visage.

579. Le plus grand muscle dans ton corps est le muscle grand glutéal et il est situé dans ton fessier.

580. Le diaphragme est un grand muscle sous tes poumons qui te permet de respirer.

Le Cerveau

581. Les cellules qui constituent le cerveau sont appelées des neurones.

582. Ton cerveau flotte dans un liquide situé dans ton crâne.

583. Le cerveau ressemble beaucoup à une noix.

584. Il ne peut pas sentir la douleur.

585. Lorsque tu es réveillé, ton cerveau peut générer 25 watts d'énergie, ce qui est assez pour allumer une ampoule.

586. Les vaisseaux sanguins dans ton cerveau, mis bout à bout, mesurent 643 kilomètres de long.

587. Lorsqu'ils préparaient une momie, les Égyptiens sortaient son cerveau par le nez.

588. Au toucher, le cerveau ressemble à de la gelée compacte.

589. Plus tu réfléchis, plus ton cerveau utilise de l'oxygène.

590. Lire à voix haute nécessite l'usage de différentes parties de ton cerveau contrairement à lorsque tu lis dans ta tête.

La Peau

591. Chaque jour, nous perdons des millions de cellules de peau, nous perdons environ l'équivalent de la moitié du poids de notre corps au cours de notre vie.

592. Les cicatrices sont différentes de la peau normale. Elles n'ont pas de glandes sudoripares et les poils et cheveux ne peuvent pas pousser par-dessus.

593. Ta peau est étanche.

594. Le Vitiligo est une maladie qui crée une décoloration de taches sur la peau.

595. La peau est le plus grand organe sur le corps.

596. La peau la plus épaisse se situe dans la plante des pieds et la paume des mains.

597. La peau la plus fine se situe sur tes paupières.

598. L'étude de la peau est appelée la dermatologie.

599. Les personnes albinos n'ont pas de pigments dans leur peau.

600. Tous les 28 jours, le corps renouvèle toutes ses cellules de la peau.

Les Cheveux et les Ongles

601. Les ongles de tes mains poussent deux fois plus vite que ceux de tes pieds.

602. Les poils sur le visage d'un homme poussent plus vite que sur n'importe quelle autre partie du corps. Si les hommes ne se rasaient jamais de leur vie, leur barbe pourrait mesurer environ 9 mètres de plus qu'une orque !

603. Les personnes blondes ont naturellement plus de cheveux et les personnes rousses sont celles qui en ont le moins.

604. Nous perdons en moyenne entre 50 et 100 cheveux et chacun d'entre eux vit sur nous entre 2 et 7 ans.

605. Les cheveux et les ongles sont constitués de kératine, c'est la même substance qui est présente dans les cornes, les sabots, les griffes, les plumes et les becs des animaux.

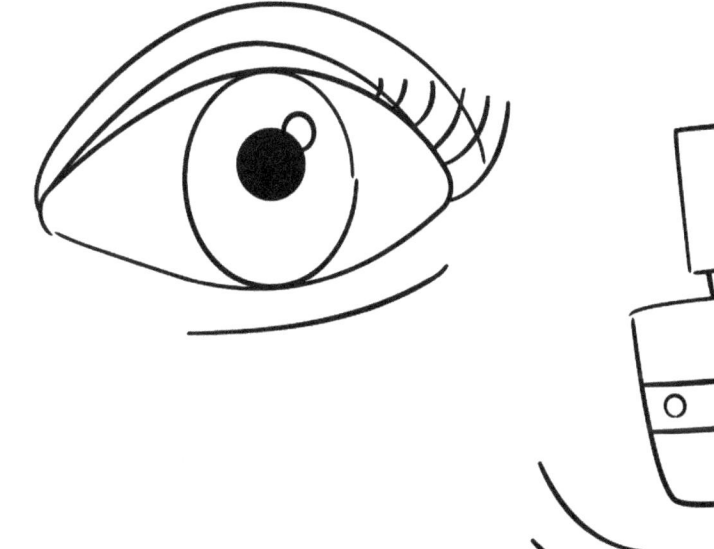

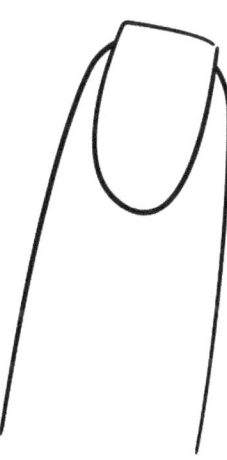

606. Tes cheveux poussent plus vite en été.

607. Les ongles n'ont pas de sensibilité, les sensations que nous ressentons dans les ongles sont dues à la peau qui se trouve en dessous.

608. Chaque cheveu peut supporter un poids de 100 kilos. Puisque tu as environ 120 000 cheveux sur la tête, cela signifie que tes cheveux pourraient techniquement supporter le poids de deux éléphants.

609. L'onychophagie est le terme sophistiqué pour qualifier le fait de se ronger les ongles.

610. Les personnes albinos n'ont pas de pigments dans leurs cheveux ou leurs yeux.

La Digestion

611. Ton intestin grêle est le plus grand organe interne.

612. Il peut mesurer entre 3 et 10 mètres de long, cela dépend de la taille de chaque personne.

613. Tu pètes environ 14 fois par jour.

614. Chaque pet s'évacue de ton corps à une vitesse de 11 kilomètres par heure, c'est plus rapide que la vitesse à laquelle un crocodile peut nager!

615. Tes intestins se déplacent comme une vague pour faire descendre les aliments. C'est ce qu'on appelle le péristaltisme.

616. La nourriture peut continuer à circuler dans ton corps même si tu fais le poirier.

617. Nous n'avons qu'un seul compartiment pour l'estomac, mais les vaches en ont quatre et les ornithorynques n'en ont aucun!

618. Lorsque ton estomac gargouille, ce phénomène s'appelle le borborygme.

619. Tu rotes lorsque tu avales trop d'air en mangeant.

620. Le hoquet le plus long a duré 68 ans.

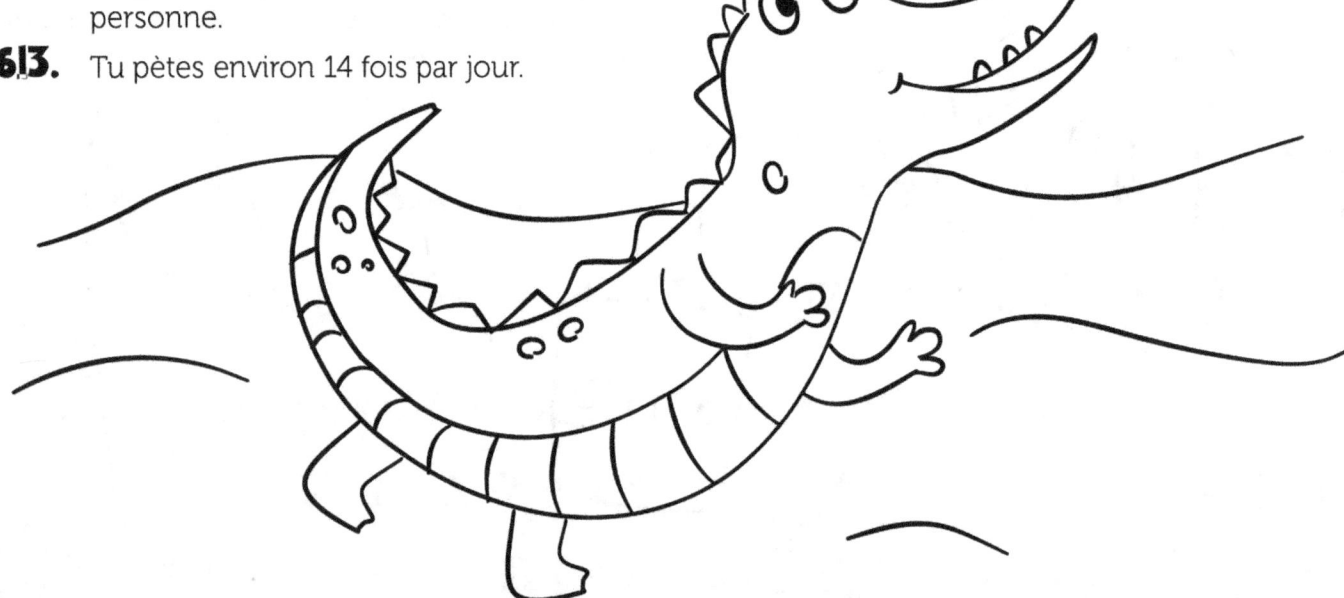

Les Yeux et les Dents

621. Certaines personnes peuvent avoir les yeux de deux couleurs différentes. Cela s'appelle l'hétérochromie.

622. La partie blanche dans tes yeux s'appelle la sclère et la partie colorée s'appelle l'iris.

623. Nos yeux sont capables de reconnaître environ 1 million de couleurs et de nuances différentes.

624. La couleur des yeux la plus répandue est le marron.

625. Tu clignes des yeux 12 fois par minute.

626. Les enfants ont 20 dents et les adultes en ont 32.

627. L'émail des dents est la matière la plus solide dans ton corps.

628. Les dents sont les seules parties du corps qui ne peuvent pas guérir d'elles- même.

629. Avant l'invention du dentifrice, les gens brossaient leurs dents à l'aide de jus de citron, de charbon ou de sel.

630. La plus longue dent humaine jamais mesurée faisait plus de 3 centimètres.

Le Cœur et le Sang

631. Ton cœur fait la taille de ton poing et a quatre cavités : deux orifices de l'oreillette supérieurs et deux ventricules inférieurs.

632. La plupart des crises cardiaques se produisent les lundis matin.

633. Le cœur peut battre en dehors du corps et le rythme des battements de cœur peut varier en fonction de la musique que tu écoutes, par exemple.

634. Un électrocardiogramme ou ECG est une représentation graphique de l'activité du cœur.

635. Un homme appelé Stan Larkin a vécu 555 jours avec un cœur artificiel. Il l'a porté dans un sac à dos jusqu'à ce qu'il reçoive une transplantation.

636. Ton sang est aussi salé que l'océan.

637. Le corps d'un adulte contient environ 5 litres de sang.

638. Il faudrait plus d'un million de piqûres de moustiques pour extraire tout ce sang.

639. La pression sanguine dans le cœur peut faire gicler du sang jusqu'à 9 mètres.

640. Les docteurs se servent encore de sangsues pour la circulation du sang et les greffes de peau.

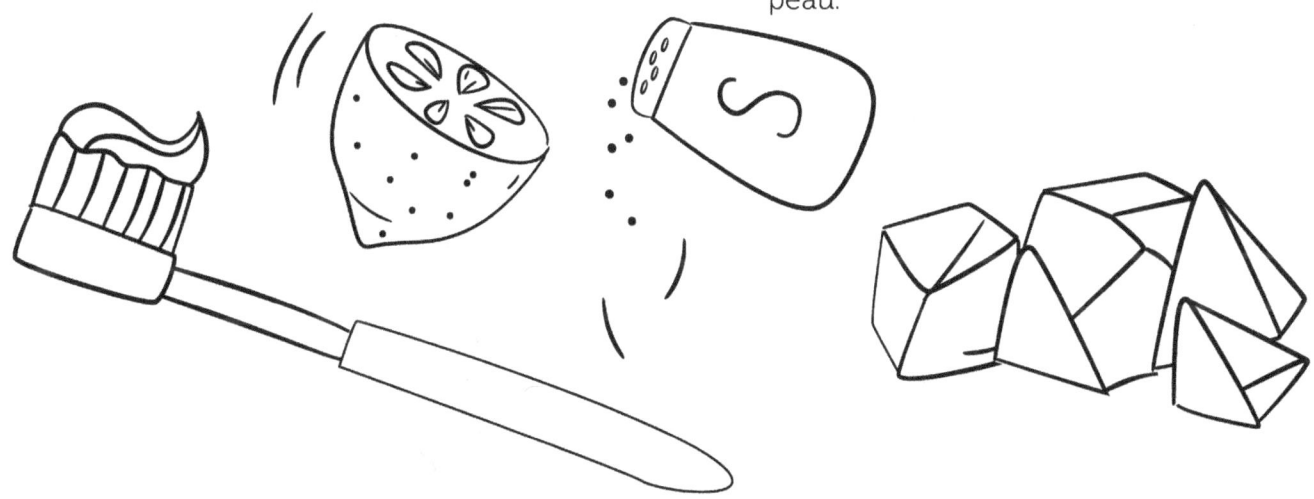

Le Corps

641. Tes oreilles et ton nez ne s'arrêtent jamais de grandir.

642. Ton cœur bat 100 000 fois par jour.

643. La température moyenne du corps humain est de 36,6 degrés Celsius.

644. Un battement de cœur dure en moyenne six secondes.

645. L'empreinte de ta langue est unique !

646. Le nom scientifique pour parler des empreintes digitales est le dermatoglyphe.

647. La plupart des gens ne peuvent pas lécher leur coude. Et toi, tu peux ?

648. Tu ne peux pas parler pendant que tu respires ou que tu expires.

649. Si tu éternues trop fort, tu peux te casser une côte.

650. Le fait de porter des écouteurs augmente le nombre de bactéries dans tes oreilles.

Le Sommeil et les Rêves

651. Tu dors environ 8 heures par nuit, mais ce n'est rien comparé aux escargots qui dorment pendant plusieurs années.

652. Lorsque tu dors, tu ne peux pas sentir d'odeurs.

653. Au cours de ta vie, tu vas avaler environ 70 insectes et 10 araignées en dormant.

654. La plupart des gens rêvent en couleur, mais il y a des personnes qui rêvent en noir et blanc.

655. Le somnambulisme est un trouble à cause duquel les gens peuvent se lever et faire n'importe quelle activité alors qu'ils dorment encore.

656. Les personnes avec des handicaps visuels rêvent aussi, mais d'une manière différente.

657. La personne qui est restée éveillée le plus longtemps l'est restée pendant 11 jours et 25 minutes.

658. Les éléphants sont les animaux qui dorment le moins, ils dorment seulement deux heures par jour.

659. La peur de s'endormir s'appelle la somniphobie et l'onirophobie est la peur des rêves.

660. Notre cerveau ne peut pas inventer de nouveaux visages, donc nous rêvons seulement de personnes que nous avons déjà vues dans la vraie vie.

Chapitre 8:
LA SCIENCE

La Chimie

661. Tout comme le gaz, l'oxygène est incolore. Mais lorsqu'il est sous une forme liquide ou solide, il devient bleu.

662. Dans des conditions normales, l'huile et l'eau ne peuvent pas se mélanger. Essaie !

663. La substance la plus chère au monde est un élément chimique appelé le californium. Environ 28 grammes seulement valent des centaines de millions de dollars.

664. Un métal appelé le gallium fond directement dans la paume de la main.

665. L'hélium est plus léger que l'air qui nous entoure, ce qui explique pourquoi les ballons remplis d'hélium peuvent flotter dans l'air.

666. Tous les métaux sur la Terre sont argentés, sauf l'or et le cuivre.

667. Les diamants, le graphite et le charbon sont tous constitués du même élément : le carbone.

668. Si tu mélanges du vinaigre et du bicarbonate de soude, cela crée des bulles. Ce mélange peut aussi servir pour déboucher les tuyaux d'évacuation !

669. Le verre est amorphe, ce qui veut dire qu'il n'est ni un liquide ni un solide. Les particules qui sont à l'intérieur se déplacent très, très lentement.

670. L'eau se transforme en glace lorsqu'il fait 0 degré Celsius, elle bout et commence à s'évaporer à 100 degrés Celsius.

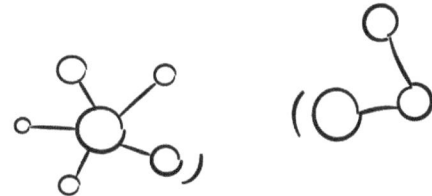

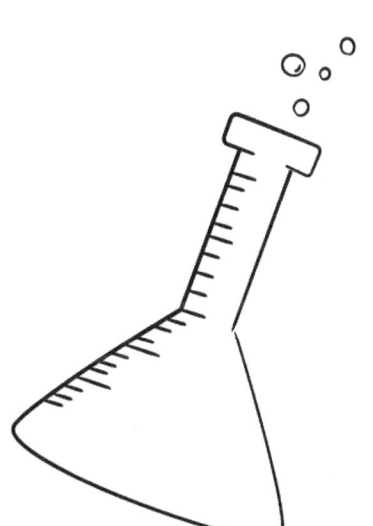

Les Ordinateurs

671. La mémoire d'un ordinateur est appelée la mémoire vive, ou RAM en anglais (Random Acess Memory).

672. Les ordinateurs sont équipés de ventilateurs car ils chauffent lorsqu'ils fonctionnent.

673. Ils sont équipés de circuits appelés microprocesseurs, qui peuvent résoudre des opérations mathématiques très rapidement.

674. Les microprocesseurs sont comme les cerveaux des ordinateurs.

675. D'autres appareils, tels que les machines à laver, les télévisions et les voitures, utilisent aussi des microprocesseurs.

676. Les ordinateurs utilisent un code dans lequel les nombres sont représentés par des zéro et des un, cela s'appelle le système numérique binaire.

677. Le tout premier ordinateur, appelé ENIAC (Electronic Numerical Integrator And Computer en anglais), pesait plus de 27 tonnes.

678. La souris d'ordinateur a été inventée en 1964 et la première était faite en bois.

679. Tu clignes moins souvent des yeux lorsque tu travailles ou que tu joues à des jeux vidéo sur un ordinateur.

680. L'Institut de Technologie du Massachusetts (MIT en anglais) est équipé d'ordinateurs qui peuvent faire la différence entre un vrai et un faux sourire.

La Biologie

681. Chaque cellule de ton corps a deux mètres d'ADN.

682. L'ADN est une substance qui contient les informations nécessaires pour construire toutes les substances et parties de notre corps au cours de notre vie.

683. Tu as une empreinte digitale génétique unique, tous les êtres vivants en ont une différente.

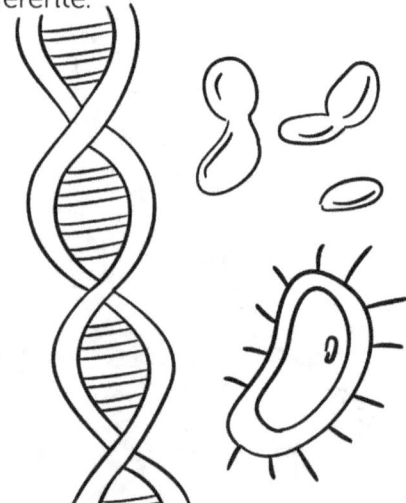

L'Électricité

684. Pour se protéger, l'ADN s'enroule dans des structures en forme de X appelées chromosomes.

685. Chaque personne possède 23 paires de chromosomes, ce qui signifie que nous en avons 46 au total.

686. Chaque morceau d'ADN qui transmet l'information à une substance spécifique ou à une partie du corps est appelé un gène.

687. Et l'ensemble des gènes situés sur les chromosomes est appelé un génome.

688. Tous les morceaux d'ADN mis bout à bout s'étendraient sur 199 milliards de kilomètres. Cela représente des milliers de voyages vers le Soleil !

689. Les virus ne sont pas des êtres vivants. Ce sont des matières organiques qui peuvent seulement se multiplier et se propager dans un hôte.

690. Les bactéries sont vivantes et peuvent se reproduire entre elles.

691. Le charbon est la matière première la plus utilisée au monde qui permet de créer de l'électricité.

692. L'électricité statique est l'énergie qui fait que nos cheveux se dressent tout droit sur nos têtes et nous fait ressembler à des hérissons.

693. Tu peux faire de l'électricité à partir de pets et d'excréments d'animaux.

694. L'Islande utilise plus d'électricité que n'importe quel autre pays dans le monde.

695. La plus grosse ampoule mesure 4 mètres.

696. Elle se trouve au sommet de la tour commémorative de Thomas Edison.

697. Les États-Unis consomment 30% de toute l'électricité utilisée dans le monde.

698. Nos nerfs utilisent de l'électricité pour envoyer des signaux à notre cerveau.

699. Le cœur produit aussi de l'électricité, c'est ce qui lui permet de battre.

700. Les paratonnerres servent à attirer les décharges électriques de la foudre et les diriger vers le sol, ainsi la foudre ne peut pas frapper des immeubles ou des personnes.

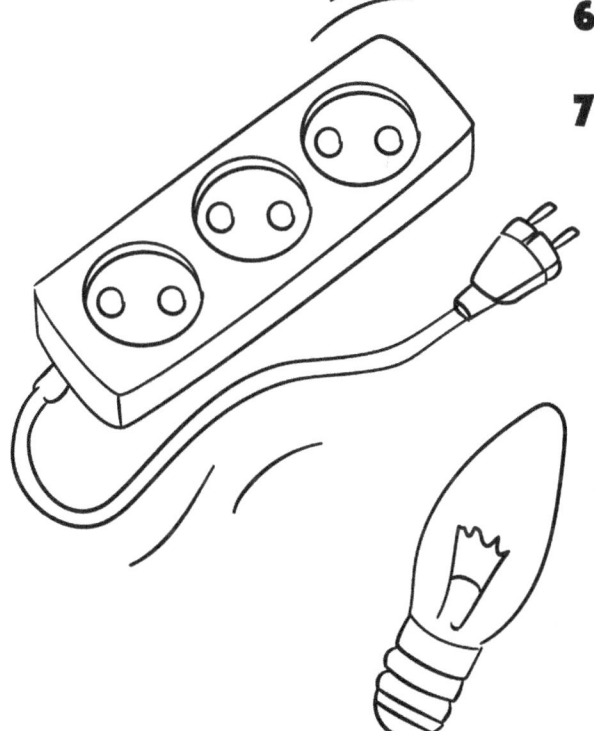

Les Mathématiques

701. Le nombre « forty » en anglais (quarante) est le seul nombre que l'on peut épeler dans l'ordre alphabétique.

702. -40 degrés Celsius est égal à -40 degrés Fahrenheit.

703. L'obélus est le symbole de la division.

704. La somme des faces opposées d'un dé est toujours égale à sept.

705. La somme de deux nombres impairs correspond toujours à un nombre pair.

706. La somme de deux nombres pairs correspond également toujours à un nombre pair.

707. Le chiffre « four » en anglais (quatre) est le seul chiffre qui a autant de lettres que la valeur qu'il représente.

708. Un nombre palindromique est un nombre qui peut être aussi bien lu de la gauche vers la droite que de la droite vers la gauche, tel que : 33, 121 ou 4554.

709. Le nombre 2520 est considéré comme « parfait » car il peut être divisé par tous les chiffres de 1 à 10.

710. Si on multiplie 111111111 par 111111111, le résultat est 12345678987654321.

Géologie

711. Le rubis et le saphir sont le même minéral, la seule différence est leur couleur.

712. Ce minéral est le corindon, et ceux qui sont rouges sont appelés rubis et toutes les autres couleurs sont appelées saphir, bien que les plus utilisés soient bleus.

713. Les diamants parfaits sont complètement transparents : ils ne sont pas colorés du tout.

714. Les diamants de couleur différente sont ainsi à cause de leur structure défectueuse ou de leur composition chimique.

715. Le noyau terrestre est encore plus chaud que la surface du Soleil.

716. La route 66 qui traverse les États-Unis est plus longue que la distance jusqu'au noyau terrestre.

717. L'échelle de Richter est un système permettant de mesurer l'énergie relâchée lors d'un tremblement de terre et les dégâts qu'il peut causer.

718. Un tremblement de terre qui se situe à 12 sur l'échelle Richter séparerait le monde en deux.

719. L'impact qui a causé l'extinction des dinosaures se situait à 13 sur l'échelle Richter.

720. Il y a plusieurs années, des scientifiques ont découvert un minéral plus ancien que la Terre.

L'Archéologie et la Paléontologie

721. L'archéologie est l'étude du passé des humains, ce qui implique de déterrer d'anciennes villes, objets ou os.

722. La paléontologie quant à elle concerne l'étude du reste des êtres du passé par le biais de fossiles.

723. La paléontologie nous a permis de connaître les dinosaures qui vivaient sur Terre il y a des millions d'années.

724. Des momies datant de 700 ans ont été enterrées avec des barres de fer, parce qu'on croyait que les vampires existaient et que cela les empêcherait de revenir.

725. Les fossiles sont des restes d'animaux, de plantes ou même de bactéries datant d'une époque lointaine qui ont été conservés pendant tout ce temps dans la roche.

726. Les fossiles les plus anciens jamais découverts se situent au Groenland et datent de plus de 3 700 ans.

727. Les insectes et autres petits animaux ont aussi été conservés dans la résine d'arbres préhistoriques, appelée ambre.

728. Les égyptologues sont les archéologues qui étudient les pyramides et les momies d'Égypte.

729. À l'époque de l'Égypte antique, on n'utilisait pas des lettres pour écrire, mais des signes ou des dessins qui représentaient des mots, ce sont des hiéroglyphes.

730. Les hiéroglyphes ont pu être décryptés grâce à une découverte archéologique : une pierre appelée la pierre de Rosette. Elle contenait le même texte en hiéroglyphe et deux autres langues.

L'Aviation

731. Le premier moyen de transport aérien fut la montgolfière.

732. Les frères Wright ont inventé, construit et volé à bord du tout premier avion.

733. Ils ont dû utiliser une catapulte pour faire décoller leur avion.

734. L'aviophobie est la peur de voler.

735. Les avions de ligne sont des avions qui transportent des passagers dans le monde.

736. Le vol le plus long avec des passagers à bord va de Singapour jusqu'au New Jersey et dure plus de 18 heures.

737. Il dure aussi longtemps car c'est un voyage de 15 397 kilomètres. Si l'on faisait ce voyage en voiture, cela durerait 6 jours !

738. L'avion à réaction le plus rapide est le Lockheed SR-71 Blackbird, il vole à 3 540 kilomètres par heure.

739. Il existe des avions qui peuvent décoller et atterrir sur l'eau, ce sont les hydravions.

740. Chaque année, plus de 4,5 milliards de personnes voyagent en avion dans le monde. C'est plus de la moitié de la population mondiale !

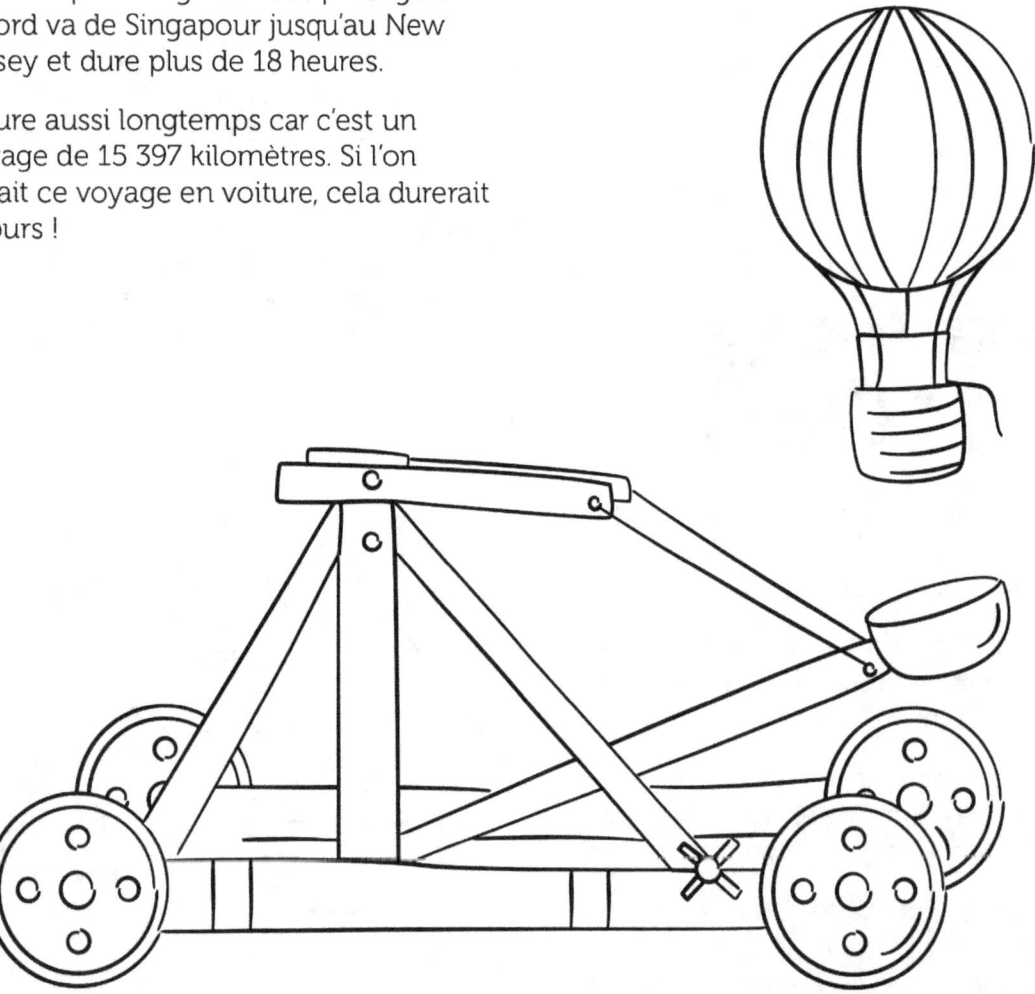

Chapitre 9 :
L'HISTOIRE

Le Moyen-Âge

741. Au Moyen-Âge, les gens utilisaient beaucoup d'éventails, non pas à cause de la chaleur, mais plutôt parce qu'ils ne se douchaient pas autant que nous !

742. La plupart se douchaient seulement une fois par an.

743. C'est également la raison pour laquelle les mariés ont commencé à apporter des bouquets de fleurs le jour de leur mariage.

744. Les guerriers médiévaux étaient les chevaliers.

745. Les chiens ont toujours été le meilleur ami de l'Homme, à tel point que les chevaliers les emmenaient avec eux à la guerre.

746. Les chevaliers portaient des armures en métal pour être protégés lors des batailles.

747. Une amure pouvait peser jusqu'à 30 kilogrammes, ce qui revient à porter presque 30 litres d'eau !

748. Pour éviter que les chiens soient blessés lors des batailles, ces derniers portaient aussi des armures.

749. Ils n'utilisaient ni assiettes ni fourchettes, et mangeaient seulement avec des cuillères.

750. La barbe était très importante pour eux, l'une des plus grandes humiliations était de tirer la barbe de quelqu'un.

La Grèce Antique

751. Dans la Grèce antique, il y avait beaucoup de cités-États, chacune avait son propre roi.

752. Ces cités-États étaient connues sous le nom de « polis ».

753. La cité-État de Sparte était connue pour sa puissante armée.

754. Les Spartiates commençaient leur formation de guerrier dès l'âge de sept ans.

755. Les mythes et les dieux grecs sont encore étudiés aujourd'hui.

756. Les Grecs de l'Antiquité pensaient que les dieux les plus importants vivaient sur le mont Olympe.

757. Zeus était le dieu du ciel et du tonnerre, et le plus puissant de tous. Il était considéré comme le père des dieux et des Hommes.

758. Méduse était une créature de la mythologie grecque, elle avait une chevelure faite de serpents qui transformait en pierre tous ceux qui la regardaient.

759. Dans la mythologie grecque, il existe de nombreuses créatures mi-hommes et mi-animaux, comme les centaures qui étaient mi-hommes, mi-chevaux.

760. Les minotaures avaient le corps d'un homme et la tête d'un taureau, quant aux satyres, ils avaient un corps d'homme et les jambes d'une chèvre.

La Rome Antique

761. Les fondateurs de Rome sont les frères Romulus et Rémus, et Romulus fut le premier roi de Rome.

762. La légende raconte qu'ils furent abandonnés puis élevés par une louve.

763. Tout comme les Grecs, les Romains avaient de nombreux dieux.

764. Une armée romaine pouvait marcher jusqu'à 40 kilomètres par jour.

765. Un soldat romain est appelé un légionnaire.

766. Les Romains aimaient manger des plats exotiques comme le perroquet rôti et le flamant rose.

767. Les gladiateurs étaient des combattants armés qui se battaient entre eux ou contre des animaux sauvages pour divertir le public.

768. Ils combattaient dans le Colisée, un immense amphithéâtre que tu peux encore visiter aujourd'hui à Rome.

769. Les Romains avaient construit un système de labyrinthe souterrain de plus de 160 kilomètres qui existe encore aujourd'hui.

770. Ils lavaient leurs vêtements avec de l'urine car elle contient un élément chimique utilisé comme produit de nettoyage.

Les Égyptiens

771. Les gens ordinaires n'avaient pas le droit de voir les cheveux du pharaon, par conséquent, il les couvrait.

772. De nombreux animaux, comme les serpents, les vaches ou les chats, étaient sacrés dans l'Égypte antique.

773. Les Égyptiens utilisaient du pain moisi comme médicament pour lutter contre les maladies.

774. La Grande Pyramide de Gizeh est la plus grande et la plus ancienne des pyramides. Elle est presque aussi haute qu'un immeuble de 50 étages !

775. En Égypte, les hommes et les femmes se maquillaient.

776. Les momies étaient enveloppées dans de longs bandages qui pouvaient s'étendre sur plus d'un kilomètre de long.

777. Les Égyptiens de l'antiquité croyaient en plus de 2 000 dieux.

778. Les Égyptiens ont inventé les stylos, les serrures et les clés.

779. Ils ont aussi inventé le calendrier solaire, qui marque la position de la Terre par rapport au Soleil.

780. Même si elle est née en Égypte, Cléopâtre était grecque.

Les Vikings

781. Ils ne se sont jamais fait appeler « Vikings », et ils étaient en réalité des marins scandinaves originaires de ce qui est aujourd'hui le Danemark, la Norvège et la Suède.

782. Les Vikings aimaient les cheveux blonds et avaient l'habitude d'éclaircir leurs mèches avec de la soude.

783. Les Vikings avaient de nombreux dieux, et leur dieu principal était Odin.

784. Odin était le dieu de la guerre et de la sagesse, et Thor, son fils, était le dieu du tonnerre.

785. En vieux norrois (langage nordique), le mot « viking » signifie « pirate ».

786. Certains jours de la semaine portaient le nom de dieux vikings : Le mardi porte le nom de Tyr, le mercredi celui d'Odin (également connu sous le nom de Woden), le jeudi celui de Thor et le vendredi celui de Frigg.

787. Les guerriers vikings étaient appelés « berserker ». Ils portaient des peaux de bêtes et hurlaient lorsqu'ils partaient au combat.

788. Les Vikings faisaient du ski pour s'amuser et vénéraient le dieu et la déesse du ski : Ull et Skadi.

789. Ils urinaient sur le bois pour créer du feu.

790. Les Vikings enterraient leurs proches sur des bateaux.

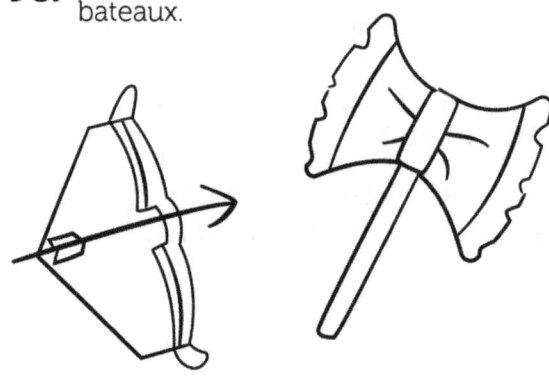

La Chine Antique

791. L'Armée de Terre Cuite est une célèbre collection de 8 000 statues de taille réelle et elle a été retrouvée en Chine.

792. Les statues ont été créées il y a environ 2 000 ans.

793. Dans la Chine antique, on utilisait des cerfs-volants pour mesurer les distances.

794. L'on appelait les rois chinois des empereurs.

795. Une famille dirigeante s'appelait une dynastie et elle pouvait régner pendant des siècles.

796. Le papier a été inventé pendant la dynastie Han.

797. La Grande Muraille de Chine est la plus longue muraille du monde. Elle s'étend sur 21 196 kilomètres.

798. Elle a été construite pour empêcher que d'éventuels envahisseurs entrent sur le territoire de l'Empire chinois.

799. La boussole magnétique a été inventée en Chine il y a plus de 2 000 ans et fabriquée à partir d'une pierre magnétique appelée magnétite.

800. Elle pointait toujours vers le sud, c'est pourquoi on l'appelait le « poisson indiquant le Sud ».

Les Deux Guerres Mondiales

801. La Première Guerre mondiale a duré un peu plus de 4 ans et 3 mois, de 1914 à 1918.

802. Elle a débuté avec l'assassinat de l'archiduc d'Autriche, François-Ferdinand.

803. Les gens portent des coquelicots rouges chaque année pour le 11 novembre à l'occasion du Jour de l'Armistice. C'est une journée pour commémorer et honorer tous ceux qui ont combattu lors de cette guerre.

Le Far West

804. La Seconde Guerre Mondiale est une immense bataille entre les Alliés et l'Axe.

805. La Grande-Bretagne, la France, la Russie, la Chine et les États-Unis composaient les Alliés. L'Axe incluait l'Allemagne, l'Italie et le Japon.

806. Certains pays sont restés neutres, tels que la Suède, l'Espagne et la Suisse.

807. La Seconde Guerre mondiale a commencé lorsque Adolf Hitler et son parti nazi ont envahi la Pologne ; la France et la Grande-Bretagne sont intervenues pour stopper l'invasion et ont déclaré la guerre à l'Allemagne deux jours plus tard.

808. Les États-Unis sont entrés en guerre en 1941 lorsque le Japon a attaqué la base navale de Pearl Harbor. Dès le lendemain, les États-Unis ont déclaré la guerre au Japon et aux pays de l'Axe.

809. Le 8 mai 1945, l'Allemagne a capitulé et la Seconde Guerre mondiale s'est terminée. Elle a duré 6 ans et 1 jour.

810. Parmi toutes les victimes de la Seconde Guerre mondiale, des millions étaient juives. Leur génocide est connu sous le nom de la Shoah.

811. Le Far West américain était également connu sous le nom de la Conquête de l'Ouest.

812. Au cours de cette expansion vers l'Ouest, de nombreuses cultures amérindiennes ont été chassées de leurs terres.

813. Le Pony Express était un service de livraison de courrier à cheval qui traversait tous les États-Unis.

814. Il fallait dix jours pour livrer une lettre d'un bout à l'autre des États-Unis.

815. 175 000 personnes se sont rendues en Californie à la recherche d'or en 1860.

816. Ce phénomène s'appelle la ruée vers l'or et a commencé en 1848.

817. Au milieu du XIXème siècle, le United States Camel Corps fut créé. C'était une expérience de l'armée qui essayait d'utiliser des chameaux comme bêtes de trait dans le Far West.

818. Chaque ville avait un shérif.

819. C'est à cette époque que le premier chapeau de cow-boy a été fabriqué.

820. On appelait les criminels du Far West des hors-la-loi.

Noël

821. Noël est souvent célébré le 25 décembre, mais en Russie et dans d'autres pays orthodoxes, c'est le 7 janvier.

822. Les cartes de Noël et les cadeaux ont commencé à l'époque victorienne (dans les années 1800).

823. Les premiers arbres de Noël sont apparus en Allemagne au XVIème siècle. Les sapins étaient ornés de fruits et de noix.

824. Chaque année, la Norvège offre un arbre de 20 mètres de haut à Londres, lequel est décoré avec des lumières à Trafalgar Square. Ils procèdent ainsi en guise de remerciement pour l'aide que la Grande-Bretagne a apportée au pays pendant la Seconde Guerre mondiale.

825. Père Noël vient de « Sinterklaas », (Santa Claus en anglais), le nom néerlandais de Saint-Nicolas, le saint patron des enfants.

826. Les papillotes de Noël sont des décorations festives qui contiennent une petite surprise et qui émettent un craquement lorsque deux personnes les tirent.

827. En Italie, on dit qu'une gentille sorcière nommée La Befana vole sur un balai et livre des jouets la nuit du 6 janvier.

828. En Islande, les enfants laissent des chaussures sous leur fenêtre pour les 13 trolls appelés les lutins de Noël (Yule Lads en islandais).

829. S'ils ont été sages, ils trouveront des bonbons et des cadeaux dans leurs chaussures le lendemain, mais s'ils n'ont pas été sages, ils auront... une pomme de terre !

830. La chanson « Jingle Bells » à l'origine était chantée pour Thanksgiving !

Anecdotes Bonus

831. Les Mayas vénéraient les dindes comme des dieux.

832. Un jour, Napoléon a été attaqué par des centaines de lapins.

833. En effet, lors d'une chasse, l'un de ses serviteurs a acheté des lapins au lieu d'acheter des lièvres. Ces derniers pensaient que Napoléon allait les nourrir, c'est pourquoi ils ne se sont pas enfuis.

834. Au treizième siècle, le pape a déclaré la guerre aux chats.

835. Abraham Lincoln fut barman, champion de lutte et président des États-Unis.

836. Contrairement à ce que la plupart des gens pensent, Thomas Edison n'a pas inventé l'ampoule électrique, il l'a juste perfectionnée.

837. Les historiens pensent que plus de 20 personnes ont indépendamment inventé l'ampoule électrique avant lui.

838. Walt Disney n'a pas dessiné Mickey Mouse, il a seulement créé sa voix et sa personnalité.

839. La Joconde n'a pas de sourcils.

840. Lorsque les fourchettes furent utilisées pour la première fois, elles furent considérées comme offensantes car c'étaient des « mains artificielles ».

Chapitre 10:
L'OCÉAN

Les Mers

841. L'océan le plus profond est l'océan Pacifique.

842. La fosse des Mariannes en est le point le plus profond, avec une profondeur de 11033 mètres.

843. La plus longue chaîne de montagnes au monde se trouve sous la mer : la crête médio-océanique. Elle fait environ 64 373 kilomètres de long.

844. Dans l'océan il peut y avoir d'énormes tourbillons qui aspirent tout comme un aspirateur !

845. Il y a des fractures au fond de l'océan d'où sort l'eau chaude, elles sont appelées cheminées hydrothermales.

846. La plus grande chute d'eau sur Terre se trouve sous l'océan.

847. Le son le plus fort jamais enregistré s'appelle « le bloop ». Les scientifiques pensent que ce bruit provient d'un tremblement de glace ou d'un iceberg qui a heurté le fond marin au large.

848. Il y a environ 6 millions d'années, la mer Méditerranée s'est complètement asséchée, avant de se remplir à nouveau près d'un million d'années plus tard.

849. Si toute la glace de l'océan fondait, la mer monterait de 70 mètres. Autrement dit, elle pourrait recouvrir un immeuble de 26 étages sur la plage !

850. 7 millions de tonnes de plastique sont jetées dans nos océans chaque année.

Les Courants

851. Les courants océaniques sont les mouvements des océans et des grandes mers provoqués par la rotation de la Terre.

852. Les courants bougent dans le sens des aiguilles d'une montre dans l'hémisphère nord et dans le sens inverse dans l'hémisphère sud. Tu peux faire l'expérience chez toi lorsque tu te douches : dans quel sens l'eau s'écoule-t-elle dans le siphon ?

853. Le plus grand courant au monde s'appelle le « Tapis Roulant Océanique ».

854. Ce courant est si lent qu'il lui faut 1 000 ans pour faire le tour complet de la Terre.

855. Les vagues amènent l'eau de l'océan sur la plage et les courants la ramènent.

856. L'un de ces courants est appelé le contre-courant. Celui-ci ramène l'eau vers la mer juste en dessous des vagues.

857. Il y a un autre type de courant, appelé courant d'arrachement, qui est beaucoup plus fort et plus étroit.

858. Les courants d'arrachement sont créés dans des failles le long de la ligne de déferlement des vagues, ils forment des couloirs d'eau étroits qui retournent au large. Vus d'en haut, ils ressemblent à des rivières qui se jettent dans la mer.

859. Les courants d'arrachement peuvent aspirer une personne et l'emmener au large !

860. Les courants d'arrachement brassent le sable, donc si tu voies de l'eau trouble et brune, reste à l'écart.

Les Vagues

861. Le vent à la surface de l'océan soulève des vagues.

862. La plus haute vague jamais mesurée a atteint 523 mètres dans la baie de Lituya, en Alaska. C'est la hauteur de 175 étages !

863. Toutes les 6 heures environ, le niveau de la mer change. Ces changements sont appelés des marées.

864. Lorsque le niveau de la mer est au plus haut, on parle de marée haute, et lorsqu'il est au plus bas on parle alors de marée basse.

865. Les marées sont créées par la force de gravité entre la Terre, le Soleil et la Lune.

866. Lorsque les vagues s'écrasent sur la plage, on parle de « déferlement ».

867. Cela peut être tentant de nager là où la mer est plus calme, mais attention, c'est là qu'il y a souvent des courants d'arrachement !

868. Parfois, d'énormes vagues apparaissent en pleine mer sans que l'on sache d'où elles viennent, et elles sont très dangereuses pour les bateaux. Ce sont les vagues scélérates.

869. Lorsque de grandes quantités d'eau sont déplacées à cause des effets d'un tremblement de terre ou d'un glissement de terrain par exemple, cela peut créer des vagues géantes appelées des tsunamis.

870. Les tsunamis ne se produisent pas seulement en mer, mais aussi dans les grands lacs.

La Vie Marine

871. Le varech est un type d'algue qui peut pousser d'environ un mètre par jour.

872. Le varech peut créer des forêts sous-marines dans les mers peu profondes.

873. Le corail est un animal, ce n'est ni une plante ni un rocher.

874. Les poulpes ont le sang bleu.

875. Les dauphins et les baleines utilisent les ultrasons pour trouver leurs proies. Ils émettent des ultrasons et écoutent l'écho qu'ils créent pour savoir ce qui les entoure.

876. Les nudibranches sont les limaces de mer très colorées et elles ont des formes tout aussi étranges.

877. Le corail fabrique sa propre crème solaire. C'est une substance fluorescente qui stoppe les effets nocifs de la lumière du soleil.

878. Certaines baleines n'ont pas de dents, mais elles ont des fanons en forme de dent à l'intérieur de leur bouche.

879. Les calmars géants ont les plus grands yeux du monde. Ils font la taille d'un ballon de football !

880. La créature marine la plus venimeuse est la méduse-boîte, mais elle n'est pas agressive.

Les Îles

881. Un groupe d'îles est un archipel. Les Philippines sont un archipel par exemple.

882. Les petites îles sont souvent appelées des bancs de sable, récif ou îlot.

883. La plus grande île du monde est le Groenland.

884. Certaines îles ont été construites par l'homme, comme l'aéroport du Kansai au Japon.

885. Les plus grandes îles artificielles sont visibles depuis l'espace : ce sont les îles Palm Jumeirah sur la côte de Dubaï.

886. Madagascar n'est pas qu'un film, c'est une véritable île au large de l'Afrique.

887. Les îles océaniques sont très éloignées de la terre et sont souvent des volcans.

888. Il y a plus de 100 000 îles dans le monde.

889. Certaines îles, comme l'île Fraser près de l'Australie, sont faites que de sable et bougent en fonction des mouvements de l'océan.

890. Un naufragé est une personne échouée sur une île.

Les Épaves

891. Il y a environ trois millions d'épaves dans le monde.

892. L'Invincible Armada était une flotte de 130 navires envoyés pour envahir l'Angleterre. La plupart d'entre eux ont fait naufrage sur les côtes écossaises et irlandaises.

893. Le RMS Titanic est probablement le naufrage le plus connu.

894. Le Titanic a heurté un iceberg lors de sa première sortie en mer.

895. Le paquebot qui a secouru les survivants du Titanic, le RMS Carpathia, a été détruit par un sous-marin allemand pendant la Première Guerre Mondiale.

896. En 1956, l'Andrea Doria et le MS Stockholm sont entrés en collision, mais le Andrea Doria est le seul des deux à avoir coulé, et c'est aujourd'hui l'un des sites de plongée sous-marine les plus populaires.

897. Le paquebot Andrea Doria est considéré comme étant le mont Everest de la plongée sous-marine.

898. Au XVIIème siècle, la marine suédoise a construit son meilleur navire de guerre, le Vasa. Mais il a coulé moins de 304 mètres après avoir mis les voiles.

899. Quelque temps plus tard, les gens ont commencé à chercher un moyen de sauver le bateau. Finalement, le bateau dans son intégralité a été récupéré et remonté à la surface 333 ans après avoir coulé.

900. Le navire était presque intact parce que l'eau n'était pas très salée et peu de mollusques ont mangé son bois. Ainsi, on peut l'observer aujourd'hui dans le musée qui porte son nom en Suède.

Anecdotes Bonus

901. Les requins-lanternes ninja ont une tête lumineuse et n'ont été découverts qu'en 2010.

902. Au bout de 200 mètres de profondeur, l'océan devient totalement noir (pour les yeux humains).

903. Tu ne peux pas voir le rouge ou le jaune à plus de 10 mètres de profondeur.

904. La partie la plus éloignée de l'océan se trouve dans le sud de l'océan Pacifique et est appelée le Point Nemo ou le Pôle Maritime d'Inaccessibilité.

905. L'azote contenu dans l'air des bouteilles de plongée peut donner le vertige à certains plongeurs au-delà de 30 mètres de profondeur.

906. Les ours polaires sont considérés comme des mammifères marins parce qu'ils passent presque leur vie entière dans la mer et autour de cette dernière, en Arctique.

907. Les ours polaires sont les plus grands carnivores terrestres. Ils pèsent environ 816 kilogrammes, ce qui équivaut au poids de 10 hommes !

908. Le poisson-globe a assez de toxines pour rendre 30 personnes gravement malades.

909. Certains poissons peuvent survivre sur la glace sans que leur sang ne gèle.

910. Les scientifiques pensent que la plupart des espèces marines n'ont pas encore été découvertes, car moins de 10 % des océans ont été explorés.

Chapitre 11:
LES PLANTES

Les Plantes Comestibles

911. Il existe plus de 80 000 plantes comestibles connues.

912. Un ensemble de bananes s'appelle une « main », c'est pourquoi une seule banane s'appelle un « doigt ».

913. C'est parce que le mot « banane » vient du mot arabe qui désigne les doigts.

914. Un ensemble de mains de bananes qui poussent ensemble s'appelle un « régime ». Un régime de bananes peut compter jusqu'à 20 mains.

915. Le nom scientifique de l'arbre d'où provient le cacao signifie en grec « nourriture des dieux ».

916. La laitue est originaire de la région méditerranéenne et est consommée depuis si longtemps qu'on peut même l'apercevoir dans des peintures égyptiennes.

917. Auguste, un empereur romain, était convaincu qu'il avait vaincu une maladie grave en mangeant de la laitue et a fait faire une statue de cette dernière.

918. Il n'y a pas seulement les fruits ou les feuilles d'une plante qui sont comestibles, les fleurs le sont aussi.

919. Dans l'Antiquité, les radis étaient utilisés comme antidote contre le poison mais aussi pour aider les gens à dormir.

920. L'entièreté du pissenlit est comestible : ses tiges, ses feuilles et ses fleurs peuvent être mangées crues en salade, et ses racines peuvent être moulues pour faire du thé.

921. Chaque plant de chou-fleur ne peut donner qu'un seul chou-fleur.

922. Il existe plus de 300 types de haricots, qui peuvent être blancs, noirs, bruns, rouges ou de plusieurs couleurs.

923. Le maïs, le riz et le blé sont les aliments les plus cultivés au monde.

924. À l'exception des céréales, la pomme de terre est l'aliment le plus cultivé au monde.

925. Lorsque l'on parle de plantes comestibles, on pense généralement aux plantes qui poussent dans la terre, mais les plantes aquatiques comme les algues sont également consommées, par exemple.

Les Fleurs

926. Il existe 270 000 espèces de plantes à fleurs.

927. Parmi elles, 35 000 sont des variétés de roses.

928. Les orchidées sont également un groupe de plantes très important avec à peu près 20 000 variétés différentes.

929. Pendant les années 1600, les tulipes avaient plus de valeur que l'or.

930. Quand nous mangeons du chou-fleur, nous mangeons en fait les fleurs de la plante, ce n'est donc pas un légume.

931. Les fleurs comestibles sont très diverses, comme les pensées, la camomille ou la fleur de courge, et elles peuvent être consommées crues ou cuites, ou encore infusées.

932. En général, les plantes poussent et fleurissent grâce à la lumière du soleil. En revanche, il y a certaines fleurs qui ne s'ouvrent que la nuit.

933. Certaines agissent de la sorte car les animaux qui les pollinisent sont des animaux nocturnes, comme les papillons de nuit ou les chauves-souris.

934. La plus grande fleur du monde mesure près de 89 centimètres de large et pèse 11 kilogrammes. C'est le poids d'un enfant de 5 ans !

935. La fleur de lotus est considérée comme sacrée et elle est un symbole de pureté dans le bouddhisme.

936. Le laurier-rose, un arbuste aux fleurs blanches et roses, est considéré comme la plante la plus toxique au monde.

937. En revanche, son goût est si dégoûtant pour les humains et les animaux que les empoisonnements sont rares.

938. La « reine des Andes » peut mettre jusqu'à 150 ans pour produire une fleur, mais cela vaut la peine car elle peut mesurer jusqu'à 15 mètres.

939. L'orchidée fantôme porte ce nom car elle n'a presque pas de couleur, pas de feuilles et qu'elle passe la majeure partie de sa vie sous terre. Elle ne sort que pour donner de petites fleurs blanches.

940. Les cactus n'ont pas que des épines, ils donnent aussi des fleurs. Certaines d'entre elles font partie des plus grandes, des plus rares et des plus belles au monde.

Les Arbres

941. Les arbres sont les êtres vivants les plus anciens de la planète.

942. 30 % de l'oxygène que nous respirons est produit par les arbres.

943. Le Brésil doit son nom à un arbre connu sous le nom de « brazilwood » (pernambouc en français).

944. L'arbre le plus lourd est le peuplier faux-tremble, il pèse 6 000 tonnes. Il est presque aussi lourd que la Tour Eiffel !

945. Le plus grand arbre était un eucalyptus australien qui mesurait 135 mètres, mais il a été abattu il y a plusieurs dizaines d'années de cela.

946. L'arbre le plus haut encore debout est un séquoia qui mesure 115 mètres de haut.

947. Certains arbres envoient des signaux chimiques aux guêpes lorsque les chenilles les mangent. Les guêpes se précipitent alors sur les chenilles et les attaquent.

948. Le plus vieil arbre au monde a presque 5 000 ans et se situe aux États-Unis.

949. Lorsque des arbres sont proches, ils créent des connexions entre leurs racines pour partager des nutriments.

950. Ils échangent également de petits signaux électriques pour se « prévenir » entre eux d'éventuels dangers.

951. En Inde, il y a une forêt entière constituée d'un seul arbre : il fait la taille de trois terrains de football !

952. C'est un arbre appelé le banian qui pousse du haut vers le bas contrairement aux autres.

953. Les graines du banian germent au sommet d'autres arbres et leurs racines se transforment en sorte de troncs qui poussent jusqu'au sol.

954. Venise, qui se situe en Italie, a été construite sur un lagon dans laquelle des milliers de troncs d'arbres ont été posés pour permettre la stabilité des bâtiments. Une vraie forêt souterraine.

955. Il existe une variété d'eucalyptus dont l'écorce a naturellement la couleur de l'arc-en-ciel.

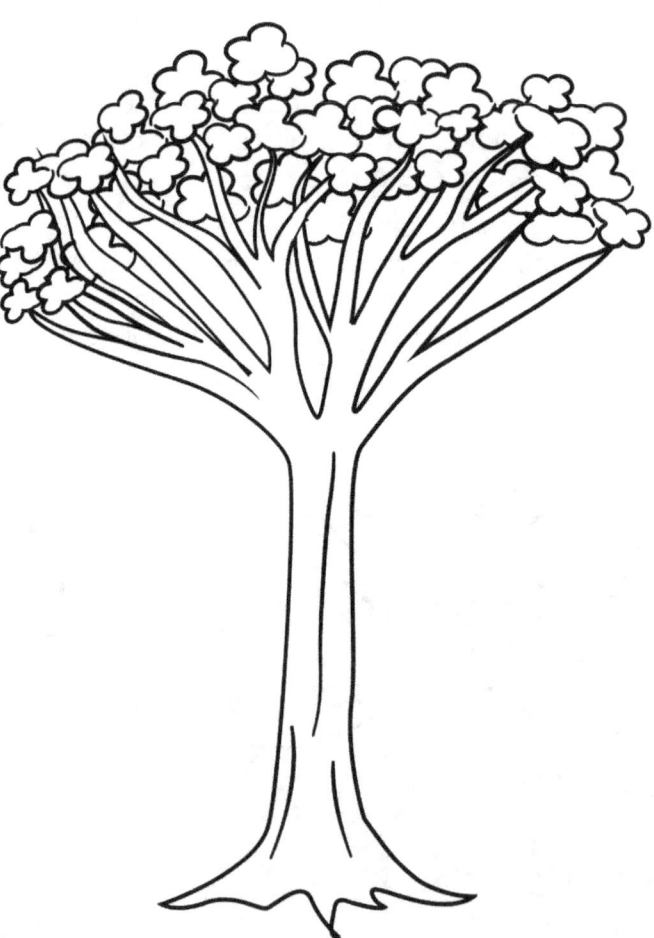

Les Graines

956. La taille d'une graine n'est pas liée à la taille de la plante qu'elle va donner.

957. Les séquoias, les plus grands arbres du monde, naissent de graines mesurant à peine 2 millimètres.

958. Chaque tournesol contient entre 1 000 et 1 400 graines.

959. Le chocolat est fabriqué à partir du cacao, qui est la graine du cacaoyer poussant à l'intérieur d'une gousse.

960. Les haricots, tout comme les pois ou les pois chiches, sont des graines qui poussent également dans des gousses.

961. Le pompon blanc sur le pissenlit n'est pas vraiment sa fleur, mais plutôt ses graines.

962. Les graines ont ces petits poils blancs parce qu'elles sont prêtes à être emportées par le vent et à flotter au loin.

963. Les cacahuètes poussent sous terre.

964. Malgré leur grosse taille, les noix de coco ne sont rien d'autre que des graines de cocotiers.

965. Certaines noix de coco peuvent flotter dans la mer sur plusieurs kilomètres jusqu'à ce qu'elles atteignent la plage où elles pousseront pour devenir un palmier.

966. Il existe des graines qui peuvent survivre aux incendies, et ce, même si le reste de la plante a brûlé.

967. Les graines capables de résister à la chaleur du feu sont appelées des graines pyrophytes.

968. Dans les régions où il y a souvent des incendies, certaines graines se sont adaptées et elles ont même besoin de cette chaleur pour que leurs gousses puissent s'ouvrir.

969. Le processus par lequel une graine s'ouvre et une plante commence à se former s'appelle la germination.

970. La plus ancienne graine ayant jamais germé est une fleur de lotus vieille de 1 300 ans.

Les Herbes et les Épices

971. Les herbes sont des plantes fraîches utilisées pour ajouter du goût aux aliments, alors que les épices sont des morceaux séchés et moulus de ces plantes.

972. De nombreuses plantes que nous considérons souvent comme des épices sont en fait des herbes, comme le persil ou le basilic.

973. La coriandre est aussi appelée persil chinois.

974. Il existe plus de 50 types de basilic.

975. La cannelle est l'écorce intérieure séchée du cannelier, et elle peut être utilisée en bâtonnets ou bien moulue.

976. La citronnelle est un répulsif naturel contre les moustiques.

977. Le cumin était déjà utilisé dans la vallée du Nil en Égypte il y a plus de 400 ans.

978. Dans certains endroits du monde, le curcuma est connu comme étant « la mère de toutes les épices ».

979. Si tu mélanges du curcuma avec du lait chaud, tu obtiendras un puissant antiseptique pour les petites coupures ou égratignures.

980. Dans l'Égypte antique, l'ail était considéré comme une plante sacrée.

981. Le romarin n'est pas seulement utilisé lorsqu'il est frais ou sec en cuisine, mais aussi pour les infusions et calmer la toux.

982. Selon une légende grecque, le thym est issu des larmes d'Hélène qui, en s'enfuyant avec Pâris, aurait déclenché la guerre de Troie.

983. La menthe, le thym et la sauge appartiennent à la même famille.

984. Dans la Grèce antique, l'origan était considéré comme la plante du bonheur.

985. Bien que le paprika soit utilisé dans le monde entier, il vient du Mexique et c'est Christophe Colomb qui l'a amené en Europe.

Anecdotes bonus

986. La botanique est une partie de la biologie qui étudie tout ce qui est en lien avec les plantes.

987. Le mot « légume » est un terme culinaire ; ainsi, de nombreux légumes sont des fruits d'un point de vue botanique.

988. Près de 20 000 variétés de plantes différentes sont utilisées comme médicaments.

989. Le bambou est la plante qui grandit le plus rapidement au monde.

990. Les plantes n'aiment pas les bruits émis par les humains et elles réagissent à la musique.

991. Une plante appelée « Dendrocnide moroides » ou « plante aux suicides » possède une piqûre si douloureuse qu'elle peut durer plusieurs années.

992. Il y a des plantes carnivores qui se nourrissent de petits insectes.

993. Le mécanisme de capture de leur proie peut varier, allant des pièges à pression, en passant par les poils collants, aux tubes glissants.

994. Les plantes peuvent reconnaître les autres plantes qui les entourent, et elles sont moins compétitives si elles sont de la même variété.

995. Cela s'appelle l'altruisme, et cela pousse les plantes à partager leurs ressources, comme les nutriments ou la lumière du soleil.

996. Des scientifiques ont réussi à ramener à la vie une plante datant de 30 000 ans à partir de graines trouvées dans l'estomac d'un écureuil congelé en Sibérie.

997. En Angleterre, il y a un jardin exclusivement consacré à des plantes vénéneuses dangereuses.

998. Le café effraie et paralyse les insectes qui essaient de le manger.

999. Le procédé qui consiste à planter différents types de plantes qui s'aident mutuellement à pousser s'appelle « l'association de cultures ».

1000. Les Amérindiens ont fait cette association de cultures : ils ont utilisé du maïs pour créer de l'ombre, des haricots pour apporter de l'azote au sol et des courges pour s'étendre sur la terre et empêcher les mauvaises herbes de pousser.

CONCLUSION

Félicitations, tu viens d'arriver à la fin du livre d'Anecdotes Pour Enfants ! J'espère que tu t'es bien amusé et que tu as appris 1000 nouvelles choses.

N'oublie pas qu'il reste encore beaucoup de faits à découvrir, alors si quelque chose a attiré ton attention, n'hésite pas à faire tes propres recherches. Les meilleures anecdotes t'attendent, et tu découvriras peut-être des choses impressionnantes, comme le fait qu'il y a un million de fourmis pour chaque personne sur Terre !

Et voici une anecdote bonus : tu vas partager les anecdotes les plus drôles avec tous tes amis et ta famille pour qu'ils s'amusent autant que toi !